Hitlers Versuche zur Verständigung mit England

Hitlers Versuche zur Verständigung mit England

Heinrich Rogge

The Scriptorium

Erstauflage: Dr. jur. Heinrich Rogge, *Hitlers Versuche zur Verständigung mit England*, Schriften des Deutschen Instituts für Außenpolitische Forschung und des Hamburger Instituts für Auswärtige Politik, Heft 43. Junker und Dünnhaupt Verlag, Berlin, ©1940.

Nachdruck: online ©2004,
Druck und E-Buch ©2022, by The Scriptorium, Alliston ON Kanada.
wintersonnenwende.com
versandbuchhandelscriptorium.com

Print edition ISBN 978-1-7781445-0-9
ebook ISBN 978-1-7781445-1-6

An den Leser: bitte entschuldigen Sie die gelegentliche falsche Silbentrennung am Zeilenumbruch. Die Buchdrucksoftware, mit dem dieses Buch hergestellt wird, setzt diese Trennstriche automatisch ein und manuelle Korrekturen sind fast unmöglich.

Alle Rechte, insbesondere die der Übersetzung in andere Sprachen, vorbehalten. Kein Teil dieses Buches darf ohne schriftliche Genehmigung des Verlages in irgendeiner Form – durch Photokopie, Mikroverfilmung oder irgendein anderes Verfahren – reproduziert oder in eine von Maschinen, insbesondere von Datenverarbeitungsmaschinen, verwendbare Sprache übertragen oder übersetzt werden.

CONTENTS

1. Vorwort — 1
2. Einleitung — 2
3. Die Tatsachen — 6
4. Deutschland, England und Frankreich nach dem Weltkrieg — 11
5. Vergebliche Verhandlungen 1933-36 — 21
6. Die Mission Ribbentrop — 31
7. Das große Verständigungsangebot — 37
8. Zwischenvölkische Annäherung Deutschland-England — 48
9. Störungen und Widerstände: Letzte Verständigungsversuche — 60
10. Adolf Hitlers Friedenspolitik — 75
11. Nachtrag vom Scriptorium: "Frieden mit England 1941" — 79
12. Anmerkungen — 83

Vorwort

Der gegenwärtige Krieg hat die Völker verantwortlich vor das Friedensproblem gestellt und damit der Wissenschaft - der "Friedenswissenschaft" - eine Reihe von Aufgaben gestellt. Unter ihnen steht das Thema "Hitlers Versuche zur Verständigung mit England" mit an erster Stelle. An den Untersuchungen darüber kann das deutsche Volk sich und den anderen Völkern besonders deutlich darüber Rechenschaft geben, wie seine Führung sich um Frieden und Verständigung zwischen den Völkern bemüht hat.

Dezember 1939.

2

Einleitung

**Adolf Hitlers vergebliche Versuche
zur Verständigung mit England
im Rahmen seiner Revisions- und Friedenspolitik**

Adolf Hitler erklärte in jenem Teil seiner Reichstagsrede vom 6. Oktober 1939, der sich als Friedensangebot an die Feindmächte England und Frankreich kennzeichnet:

> "Nicht geringer waren meine Bemühungen für eine deutschenglische Verständigung, ja darüber hinaus für eine deutschenglische Freundschaft. Niemals und an keiner Stelle bin ich wirklich den britischen Interessen entgegengetreten. Leider mußte ich mich nur zu oft britischer Eingriffe deutschen Interessen gegenüber erwehren, auch dort, wo sie England nicht im geringsten berührten. Ich habe es geradezu als ein Ziel meines Lebens empfunden, die beiden Völker nicht nur verstandes-, sondern auch gefühlsmäßig einander näher zu bringen. Das deutsche Volk ist mir auf diesem Wege willig gefolgt.
> Wenn mein Bestreben mißlang, dann nur, weil eine mich persönlich geradezu erschütternde Feindseligkeit bei einem Teil britischer Staatsmänner und Journalisten vorhanden war, die kein

Hehl daraus machten, daß es ihr einziges Ziel wäre, aus Gründen, die uns unerklärlich sind, gegen Deutschland bei der ersten sich bietenden Gelegenheit wieder den Kampf zu eröffnen. Je weniger sachliche Gründe diese Männer für ihr Beginnen besitzen, um so mehr versuchen sie, mit leeren Phrasen und Behauptungen eine Motivierung ihres Handelns vorzutäuschen. Ich glaube aber auch heute noch, daß es eine wirkliche Befriedung in Europa und in der Welt nur geben kann, wenn sich Deutschland und England verständigen. Ich bin aus dieser Überzeugung heraus sehr oft den Weg zu einer Verständigung gegangen. Wenn dies am Ende doch nicht zum gewünschten Ergebnis führte, dann war es wirklich nicht meine Schuld."[1]

Die Geschichte bestätigt diese Worte des Führers über seine Bemühungen um eine endgültige Verständigung zwischen Deutschland und England. Die Hauptfakten liegen heute klar vor aller Augen. Es sind diese:

Schon lange vor der Machtergreifung hatte Adolf Hitler in Schrift und Wort die deutsch-englische Verständigung als naturgegebenes Hauptziel der künftigen nationalsozialistischen Außenpolitik erklärt. Diese Zielsetzung war selbstverständliches Gedankengut der nationalsozialistischen Bewegung geworden.

Nach der Machtergreifung, als erwählter Führer des deutschen Volkes und Reichskanzler des nationalsozialistischen Volksstaates, hat Adolf Hitler in den wechselnden Situationen der deutschen Außenpolitik immer wieder Versuche zu diesem Ziel der endgültigen Verständigung zwischen Deutschland und England unternommen.

Das geschah, vor den Augen der Öffentlichkeit, vor allem in der deutsch-englischen Flottenkonvention von 1935 und durch die Mission Ribbentrop, deren Ziel die deutsch-englische Verständigung war. Die Flottenkonvention, eine freiwillige einseitige Begrenzung der deutschen Seestreitkräfte zugunsten Englands, hatte Hitler gedacht und gewollt als wechselseitiges Versprechen beider Nationen: nie wieder Krieg gegeneinander führen zu wollen. Man wußte von dieser Flottenkonvention bisher nur, daß sie nach ergebnislosem Ablauf der Genfer Abrüstungskonferenz und von Sonderverhandlungen zwischen den Großmächten über eine internationale Rüstungskonvention schließlich auf der Basis der wiederhergestellten deutschen Wehrhoheit zustande kam. Erst kürzlich ist geschichtlich bekanntgeworden: daß der deutsche Vorschlag zu dieser Flottenkonvention nur einen Teil bildete eines umfassenden Angebotes der endgültigen Verständigung an England, das Ribbentrop zu übermitteln beauftragt war.

Nebenher gingen vielfältige deutsche Versuche, in persönlicher Fühlungnahme zwischen einzelnen Persönlichkeiten oder Gruppen - der Jugend, Studenten, Frontkämpfer u.a. - zur Annäherung beider Nationen zu kommen. Vielfältige Versuche auch, im Wege geistiger Auseinandersetzung die Hemmungen der Verständigung aufrichtig klarzustellen und zu beseitigen.

Weiter: Die Verhandlungen Ende September 1938, in deren Hintergrund der deutsche Wunsch stand: an Stelle eines politischen Waffenstillstandes eine echte und dauernde Verständigung zu erzielen.

Und schließlich das letzte Verständigungsangebot vom 25. August 1939, das nochmals nichts weniger als eine deutsche Garantie für den Besitzstand des Britischen Reiches, verbunden mit einer Rüstungskonvention, vorschlug.

Diese ganzen Tatsachen liegen heute im hellen Licht der Geschichte. Zukünftige Geschichtsforschung wird voraussichtlich noch ergänzend von weiteren Fakten berichten können, in denen der gleiche deutsche Wille zur Verständigung zwischen beiden Nationen zum Ausdruck kam: auf Grund von Quellen, die heute noch im Schoß der Archive bleiben oder noch nicht einmal aufgezeichnet wurden.

Nun aber hat der Tatbestand dieser Verständigungspolitik, wie überhaupt die Außenpolitik Hitlers, in den verschiedenen Ländern recht verschiedenartige Beurteilung erfahren. Teils ist sie, wie es die geschichtliche Wahrheit verlangt, richtig als Friedenspolitik gewürdigt worden, teils aber hat sie mancherlei Mißdeutung aus Irrtum erfahren -

um von der böswilligen Mißdeutung und Fälschung zu schweigen. Eine Mißdeutung aus Unkenntnis und Irrtum, wie sie ähnlich schon einmal ein anderer deutscher Staatsmann, Bismarck, in seiner Außenpolitik erfuhr. Es ist lehrreich, daran zu erinnern, wie durch die Kriegsschuldforschung zur Entstehung des Weltkrieges jenes irrtümliche Geschichtsbild korrigiert wurde, das Bismarck zu einem Mann der friedlosen Gewaltpolitik machte, während aus den Quellen der Archive nun das Bild eines Meisters der Friedenspolitik sich ergab.[2]

Adolf Hitlers Versuche, zur endgültigen Verständigung mit England zu kommen, bilden ein Teil- und Hauptstück seiner gesamten Außenpolitik. Diese Außenpolitik kennzeichnet sich ihrem Wesen nach als Revisionspolitik und als Friedenspolitik. So ist es zur Würdigung der deutschen Bemühungen um die Verständigung mit England nötig, diese Verständigungspolitik als Teilstück von Hitlers Revisionspolitik, von seiner Friedenspolitik zu betrachten. Die Darstellung der Tatsachen dieser deutschen Verständigungspolitik also wird zu ergänzen sein durch eine Würdigung ihres Charakters als Revisionspolitik und als Verständigungspolitik: als Friedenspolitik.

Lassen wir zunächst die Tatsachen sprechen.

3

Die Tatsachen

Das Ziel der deutsch-englischen Verständigung in der nationalsozialistischen Politik vor der Machtergreifung

Seit den Anfängen und im Verlauf seiner politischen Studien hatte Adolf Hitler sich auch mit England, den Methoden der englischen Außenpolitik und dem Verhältnis zwischen England und Deutschland beschäftigt.

Es fehlt nicht an Zeugnissen der Achtung vor englischer Eigenart, englischer Politik und der artverwandten Sympathie für England.[3]

So führt von den früheren Äußerungen des Führers eine klare und gerade Linie bis zu seiner Erklärung über den Wert des Britischen Reichs, die er am 28. April 1939 aussprach, als England schon die feindselige Politik der Einkreisung gegen Deutschland eingeschlagen hatte.

"Ich habe während meiner ganzen politischen Tätigkeit immer den Gedanken der Herstellung einer engen deutsch-englischen Freundschaft und Zusammenarbeit vertreten. Ich fand in meiner Bewegung ungezählte gleichgesinnte Menschen. Vielleicht schlossen sie sich auch wegen dieser meiner Einstellung an. Dieser Wunsch nach einer deutsch-englischen Freundschaft und Zusammenarbeit deckt sich nicht nur mit meinen Gefühlen, die sich aus der Herkunft unserer beiden Völker ergeben, sondern auch mit meiner Einsicht in die im Interesse der ganzen Menschheit liegende Wichtigkeit der Existenz des britischen Weltreiches.

Ich habe niemals einen Zweifel darüber gelassen, daß ich im Bestand dieses Reiches einen unschätzbaren Wertfaktor für die ganze menschliche Kultur und Wirtschaft sehe.

Wie immer auch Großbritannien seine kolonialen Gebiete erworben hat - ich weiß, es geschah dies alles durch Gewalt, und sehr oft durch brutalste Gewalt -, so bin ich mir doch darüber im klaren, daß kein anderes Reich bisher auf anderem Wege entstanden ist, und daß letzten Endes vor der Weltgeschichte weniger die Methode als der Erfolg gewertet wird, und zwar nicht im Sinne des Erfolges der Methode, sondern des allgemeinen Nutzens, der aus einer solchen Methode entsteht.

Das angelsächsische Volk hat nun ohne Zweifel eine unermeßliche kolonisatorische Arbeit auf dieser Welt vollbracht. Dieser Arbeit gehört meine aufrichtige Bewunderung. Der Gedanke an eine Zerstörung dieser Arbeit erschien und erscheint mir von einem höheren menschlichen Standpunkt aus als ein Ausfluß menschlichen Herostratentumes..."

Die Worte übrigens über die gewaltpolitische Entstehung des Britischen Reiches sind bezeichnend auch für die überlegene und vorurteilslose Art, in der Hitler die Politik anderer Mächte würdigt. Solange Deutschland nicht angegriffen wird, enthält es sich der moralischen Kritik gegenüber anderen Mächten. Es entspricht das dem Prinzip der Nichtintervention, das einer der Hauptgrundsätze von Adolf Hitlers Außenpolitik ist. Die gleiche realistische Vorurteilslosigkeit liegt seinen ganzen Erwägungen über das Verhalten Deutschlands zu England im Rahmen der deutschen Außenpolitik zugrunde.

Das politische Bekenntnis- und Lehrbuch *Mein Kampf* entwickelt die Richtlinien der nationalsozialistischen Außenpolitik in verschiedenen Zusammenhängen. Das Ziel: zu einer endgültigen Verständigung mit England zu kommen, erwähnt Hitler hier im Band 2, Kapitel 13, in den Erwägungen über die Bündnispolitik Deutschlands, das bei seiner Stellung in Europa sich nach Bundesgenossen umsehen müsse. Er kommt dabei zu dieser Feststellung und Folgerung:

> "Seit dreihundert Jahren wurde die Geschichte unseres Kontinents maßgebend bestimmt durch den Versuch Englands, auf dem Wege ausgeglichener, sich gegenseitig bindender Machtverhältnisse der europäischen Staaten sich die notwendige Rückendeckung für große, weltpolitische britische Ziele zu sichern. Die traditionelle Tendenz der britischen Diplomatie... lief darauf hinaus, jedes Emporsteigen einer europäischen Großmacht über den Rahmen der allgemeinen Größenordnung hinaus mit allen Mitteln zu verhindern und, wenn nötig, durch militärische Eingriffe zu brechen. Die Machtmittel, die England in diesem Falle anzuwenden pflegte, waren verschiedene...; die Entschlossenheit und Willenskraft zu ihrem Einsatz jedoch immer die gleiche. Ja, je schwieriger... die Lage Englands wurde, um so nötiger schien der britischen Reichsleitung die Aufrechterhaltung des Zustandes einer infolge gegenseitig rivalisierender Größe stattfindenden allgemeinen Lähmung der einzelstaatlichen Kräfte Europas...."[4]

Im Sinne dieser Gleichgewichtspolitik hat England zunächst Spanien und die Niederlande als große Seemächte vernichtet, dann Napoleon gestürzt und die Gefahr einer französischen Hegemonie gebrochen.

England - so fährt Adolf Hitler dem Sinne nach fort - hat schließlich das Deutsche Reich bekämpft, dessen Machtentwicklung im Zustande seiner starken Industrialisierung sich zu einer wirtschaftlichen Eroberung der Welt zu entwickeln drohte. Um seine Weltherrschaft zu sichern, bot England im Weltkrieg eine lange Reihe von Verbündeten zur Niederwerfung Deutschlands auf. Mit der Revolutionierung

Deutschlands war das Ziel der englischen Gleichgewichtspolitik erreicht...

An einer Vernichtung Deutschlands könne England ja gar nicht im Sinne seiner Gleichgewichtspolitik interessiert sein, da andernfalls die Gefahr bestehe, daß die Militärmacht Frankreichs sich zu einer Hegemonialmacht in Europa entwickelt und damit die Welthegemonie Englands bedroht...

Vergleicht man nun die traditionelle Politik, die England und Frankreich gegenüber Deutschland verfolgen, und mit der Deutschland also dauernd zu rechnen hat, so ergäbe sich dies:

Englands Wunsch ist und bleibt es, das Emporsteigen einer Kontinentalmacht zu einer weltpolitischen Bedeutung zu verhindern, welche die britische Welthegemonie gefährden kann, im übrigen aber die verschiedenen Staaten Europas in einem Zustand zu belassen, in dem sie einander die Waage halten. **Frankreichs Wunsch** hingegen ist und bleibt es, die Bildung einer geschlossenen Macht Deutschlands überhaupt zu verhindern. "**England wünscht kein Deutschland als Weltmacht, Frankreich aber keine Macht, die Deutschland heißt...**" "Heute aber kämpfen wir (Deutschen) nicht für eine Weltmachtstellung, sondern haben zu ringen um den Bestand unseres Vaterlandes, um die Einheit unserer Nation und um das tägliche Brot für unsere Kinder." Also sei das wünschenswerte Bündnis mit England möglich - ebenso möglich wie das mit Italien...

So entsetzlich auch die Folgen der englischen Kriegspolitik für Deutschland waren: **Bündnispolitik werde nicht betrieben vom Gesichtspunkt rückblickender Verstimmungen aus, sondern vielmehr von der Erkenntnis rückblickender Erfahrungen...**

So die Erwägungen Adolf Hitlers in *Mein Kampf* über die Verständigung Deutschlands mit England in Form eines Bündnisses.

Mit aller Deutlichkeit hatte Hitler erkannt: daß in der Vorkriegszeit ein deutsches Kolonialreich von Dauer nur im Bunde mit England möglich gewesen wäre.[5]

In ähnlichem Sinne hat er auch nach 1933 wiederholt betont, daß Deutschland die Forderung nach Rückgabe seiner Kolonien durchaus nicht als Kriegsgrund oder Kriegsziel betrachtet, sondern als eine Frage der Gerechtigkeit und Billigkeit, die im Rahmen der endgültigen Verständigung mit England zu regeln sei.[6]

4

Deutschland, England und Frankreich nach dem Weltkrieg

Nun aber vollzogen sich eigenartige Wandlungen in jenen Gegnerschaftsverhältnissen zwischen Deutschland und den westlichen Nachbarmächten England und Frankreich, auf welche sich die deutsche Verständigungspolitik bezieht.

In den Jahren nach dem Kriege war als der eigentliche und unversöhnliche Gegner Deutschlands immer Frankreich aufgetreten, während England eine zunehmend versöhnliche Haltung gegenüber Deutschland einnahm oder einzunehmen schien und öfters die Rolle eines Vermittlers zwischen Frankreich und Deutschland spielte. Schon im Jahre 1919 war England den überspannten Sicherheitsforderungen Frankreichs, die auf Abtrennung der Rheinlande vom Reich oder auf seine militärische Dauerbesetzung abzielten, in gewissem Grade entgegengetreten.[7] England gab dies als eine der Gerechtigkeit wie der Klugheit entsprechende Mäßigung im Siege aus.[8] Auch lehnte England dann 1921 ausdrücklich ein gemeinsames Einkreisungsbündnis Frankreich-England ab, das Polen und die Tschecho-Slowakei im Rücken Deutschlands umfassen sollte.[9]

Als während der Niederschlagung der Spartakusrevolte 1920 im rheinisch-westfälischen Industriegebiet durch die Reichswehr Frankreich plötzlich die Stadt Frankfurt besetzte, da trat Lloyd George für die

Rücknahme der französischen Truppen ein. Als Frankreich 1923 in das Ruhrgebiet einfiel, mißbilligte das die öffentliche Meinung Englands, und eine englische Note vom 14. April 1923 erklärte die Ruhrinvasion als vertragswidrig - freilich ohne daß es zu einem entsprechenden Druck auf das verbündete Frankreich kam. Im Locarnopakt von 1925 verpflichtete sich England sogar, gleich einem unparteiischen Friedensgendarmen, im Falle eines deutschen Angriffs gegen Frankreich alsbald Frankreich zu Hilfe zu eilen, im Falle eines französischen Angriffs auf Deutschland aber diesem den gleichen Beistand zu leisten.

Auf der Abrüstungskonferenz 1932/33 und in den nachfolgenden Verhandlungen über Rüstungsverständigung war England mehrfach als Vermittler zwischen den französischen und deutschen Forderungen zur deutschen Rüstung aufgetreten (freilich hatte Deutschland Ursache, nicht alle englischen Vermittlungsaktionen oder -erklärungen für so ehrlich anzusehen, wie wohl der Macdonald-Plan vom 16. März 1933 gemeint war).

Als eigentlicher Gegner des deutschen Rechtskampfes im Wiedererlangen der Gleichberechtigung in Rüstung und Rüstungsverträgen erschien während dieser ganzen Zeit nicht England sondern Frankreich.

Man hat hervorgehoben, daß England auch in der "moralischen Abrüstung" nach dem Weltkrieg Frankreich voranging. Bekanntlich war die Pariser Friedenskonferenz von einer eigentümlichen Siegesverblendung beherrscht, kraft derer sie die schimpfliche und strafartige Behandlung des niedergebrochenen Gegners zum Grundsetz des Friedensdiktates machte. Vernehmliche Stimmen der Politik, die sich gegen den ehrverletzenden Charakter des Versailler Diktats wandten, wurden eher in England laut als in Frankreich. Für eine versöhnliche Geste der nachträglichen Ehrung des militärischen Gegners im Kriege - wie etwa die Einladung von Lettow-Vorbeck zum Treffen der englischen Afrika-Krieger im Jahre 1931 - fehlte es an einer Parallele in Frankreich.[10]

Im übrigen mißbilligte die öffentliche Meinung Englands, daß Frankreich farbige Truppen zur Besetzung des Rheinlandes verwandte.

Solche Regungen von rassischer Solidarität fehlten in Frankreich. Auch schien es der englischen Wissenschaft leichter zu fallen als der französischen, sich von den verblendeten Vorurteilen der Kriegszeit freizumachen, insbesondere die Kriegsschuldlegenden beiseite zu tun, um nun die Wahrheit über die Entstehung des Krieges zu ergründen und zu einer gerechten Würdigung der Schuldfrage zu kommen.

In den Jahren nach 1919 haben zahlreiche Engländer von Einsicht mehr oder weniger scharfe Kritik an dem Versailler Friedensvertrag geübt. Man verurteilte diesen Diktatvertrag als politische Torheit und als moralisches Unrecht, auch als völkerrechtlichen Rechtsbruch. Man sagte voraus, daß aus den Fehlern und dem Unrecht dieses Friedensvertrages - vor allem aus dem polnischen Korridor und der Danziger Frage - notwendig ein neuer Krieg entstehen müsse, wenn nicht baldmöglichst hier gerade das Diktat revidiert werde.

Schließlich mehrten sich in England die Stimmen der öffentlichen Meinung, die sich für notwendige Revisionen aussprachen oder doch die Bereitschaft bekundeten, über die Notwendigkeit und Zweckmäßigkeit von Revisionen zu diskutieren, die Deutschland forderte. Vereinzelt ließen sich sogar Stimmen vernehmen, die von einer notwendigen Wiedergutmachung des Unrechts sprachen, das Deutschland durch das Versailler Diktat geschehen ist.[11]

Freilich blieben solche Äußerungen ohne Einfluß auf die große Politik Englands, das ebensowenig wie Frankreich bereit war, freiwillig und in gütlicher Verständigung die Revisionen des Versailler Diktates zu gewähren, die Deutschland als von seinen Lebensinteressen geboten ansah und forderte.

Im ganzen betrachtet aber gewann es doch in den Jahren 1919 bis 1935 den Anschein, als ob England von den beiden westlichen Weltkriegsgegnern der versöhnlichere,[12] versöhnungsbereiter als Frankreich sei.

Inzwischen aber bereitete sich ein Wandel in der Politik Englands gegenüber Deutschland vor: seit der nationalsozialistischen Revolution, und seit Deutschland offensichtlich zur inneren Einheit und Stärke kam, und nun aus eigener Machtbefugnis die lebenswichtigen Revisionen des Versailler Diktates zu vollziehen begann, die man ihm von der Gegenseite gütlich zu gewähren sich weigerte.

Bei der Abrüstungskonferenz 1932/33 war es im Grunde um die Frage der deutschen Rüstung gegangen. Das Versailler Diktat, Teil V, hatte Deutschland wehrlos und zur Selbstverteidigung unfähig gemacht; hatte Deutschland "unterhalb der Notwehrgrenze" entwaffnet. Nun forderte Deutschland auf dieser Abrüstungskonferenz das ihm vertragsbrüchig verweigerte Naturrecht der nationalen Selbstverteidigung im Rahmen einer bescheidenen Nachrüstung auf den Rüstungsstand der anderen wieder.

Am offenen Widerstand Frankreichs dagegen scheiterte die Abrüstungskonferenz. England schien zunächst, wie erwähnt, auch eine entgegenkommende und vermittelnde Haltung gegenüber der nun beginnenden deutschen Nachrüstung bewahren zu wollen.[13] **Jedoch begann sich bald zu zeigen, daß England im Grunde sich den von Deutschland für lebenswichtig erachteten Revisionen nicht weniger widersetzte wie Frankreich.**

Ein erstes fanalartiges Zeichen dessen war das englische Weißbuch *Statement Relating to Defence* vom 4. März 1935, das die deutsche Nachrüstung verantwortlich macht für die Aufrüstung der anderen Mächte und in diesem Sinne die englische Aufrüstung als Selbstverteidigungsaktion gegen die Drohung der deutschen Rüstung ausgibt.[14]

Mußte man nicht daraus die Folgerung ziehen, daß England in Deutschland den Gegner sieht, zu dessen möglicher Niederkämpfung es rüstet? Als dies von deutscher Seite ausgesprochen wurde, suchte man von England her zu beschwichtigen. Die deutsche Regierung aber mußte sich jetzt doch Fakten wie diese vergegenwärtigen: Schon im Jahre 1933 hatte **ein Mitglied der englischen Botschaft** in Paris in Gegenwart Ribbentrops **gegen die Franzosen den Vorwurf erhoben: daß Frankreich wegen der deutschen Aufrüstung nicht zum Präventivkrieg geschritten sei. England habe sein Möglichstes**

in dieser Richtung getan, aber die französische Regierung habe einfach nicht gewollt.[15]

Es kam dann unter den bekannten Umständen zum Zerfall des Locarno-Vertrages und zu dem Rumpf-Locarno-Pakt zwischen den Mächten Frankreich-England-Belgien durch den Notenwechsel vom 2. April 1935, der seinem politischen Gehalt nach eine Militärkonvention dieser Mächte gegen Deutschland darstellt. Dieser Pakt mitsamt den vorangegangenen Verhandlungen zwischen den drei Partnern brachte eine bemerkenswerte Reinigung der internationalen Atmosphäre von politischen Illusionen oder Fiktionen. Denn mit diesem dreiseitigen Militärabkommen Frankreich-England-Belgien[16] kam nun der reale politische Kern des Locarno-Vertrages zum Vorschein, den man in die Fiktion einer doppelseitigen Beistandsverpflichtung Englands gekleidet hatte.

Jeder Sachverständige der Politik wußte, daß es hier nur um eine leere Fiktion ging. Gewiß war es sicher, daß im Falle eines deutschen Angriffs auf Frankreich eine englische Beistandsaktion erfolgen würde. Niemand aber konnte im Ernst annehmen, daß im Falle etwa einer zweiten Ruhrinvasion Frankreichs alsbald die englische Wehrmacht gegen Frankreich marschieren würde. Ein solcher Krieg Englands war politisch und militärisch eine gänzlich unwirkliche Hypothese. Politisch: weil weder das englische Volk noch Parteien oder Regierung in einem solchen Falle zu kriegsmäßiger Feindschaft gegen Frankreich bereit gewesen wären.[17] Militärisch: weil bei der einseitigen Entwaffnung Deutschlands und der Entmilitarisierung des Rheinlandes das angreifende Frankreich die vollkommene Chance des Sieges hatte, und England selbst im Falle der unwahrscheinlichen Unterstützung durch belgische und italienische Streitkräfte schlechterdings keine Hilfsmittel besaß, um diesen französischen Sieg abzuwehren oder rückgängig zu machen.

Die paritätische Beistandsverpflichtung Englands für Frankreich und Deutschland hätte, um glaubhaft zu sein, zum mindesten eine paritätische Entmilitarisierung sowohl der deutschen wie der französischen

Grenze vorausgesetzt - wie sie Deutschland vorschlug (Punkt 9 des deutschen Friedensplanes vom 31. März 1936), um zu einem ehrlichen Ersatz-Locarno-Pakt[18] zu gelangen...

Nun also ließ auch England die Locarno-Fiktion fallen und bezog durch die Militärkonvention vom 2. April 1935 eine Position offener Gegnerschaft gegen Deutschland. Eine Gegnerschaft freilich, die noch Möglichkeiten der Verständigung offen ließ.

Mehr und mehr trat nun aber als gewichtiges Moment der englischen Außenpolitik eine feindliche Gegnerschaft zum Nationalsozialismus hervor, durch den Deutschland erstarkte. Sie zeigte sich namentlich in den Oppositionsparteien, aber auch in anderen Gruppen, die der Regierung mehr oder weniger nahe standen. Man nahm in diesen Kreisen, wie bekannt, teils eine unversöhnliche Haltung gegenüber dem nationalsozialistischen Deutschland ein - vielfach in den Formen einer politischen Zusammenarbeit mit der deutschen Emigration von 1933 - oder aber eine eigentümliche Haltung von überheblicher Schulmeisterei.[19] Nach alter politischer Tradition und Jahrhunderte alter Erfahrung mit dem englischen Parlamentarismus mußte Deutschland damit rechnen, daß diese wachsende Deutschfeindlichkeit sich auch auf die Regierungspolitik Englands auswirken würde und eines Tages gar die deutschfeindlichen Oppositionsparteien von heute als Regierungspartei die englische Politik bestimmen würde. Hitler hat das mehrfach ausgesprochen.[20]

Das nationalsozialistische Deutschland hatte klar sein Ziel ausgesprochen: Wiederherstellung der Wehrhoheit - vertragliche Gleichberechtigung in einer internationalen Ordnung der Sicherheit und Rüstungsbeschränkung. Deutschland hatte zunächst versucht (es wird davon sogleich noch zu sprechen sein), dieses Ziel im Wege des Verhandelns über die Revision des Versailler Diktats und den vertraglichen Ausbau der neuen Friedens- und Sicherheitsordnung zu erreichen. Da dieser Versuch vergeblich blieb, vollzog Deutschland die lebenswichtigste Revision: die Wiederherstellung seiner Wehrhoheit, aus eigener Machtbefugnis und gegen den Widerstand vornehmlich Frankreichs und Englands. Auch die großdeutsche Einigung - die Heimkehr Deutschösterreichs in das Reich - mußte sich gegen den Widerstand dieser Mächte durchsetzen.

Und nun geschah ein bedeutsamer Wandel in den westlichen Gegnerschaftsverhältnissen Großdeutschlands. Als eigentlicher Widersacher des deutschen Wiederaufstiegs trat mehr und mehr England hervor; während Frankreich sich mit den Tatsachen des deutschen Wiederaufstiegs abzufinden begann. In dem Maße, wie Großdeutschlands Macht wuchs, wuchs zugleich auch die Gegnerschaft Englands gegen Deutschland, während die Gegnerschaft zwischen Frankreich und Deutschland sich offensichtlich milderte.

Diese Entwicklung begann schon, ehe die Tschecho-Slowakei zerfiel und damit die Westmächte diese "Bastion gegen Deutschland" verloren. In Frankreich begann man wohl einzusehen, daß es auf die Dauer doch über Frankreichs Kraft ging, im Lebensraum des starken deutschen Volkes, sei es im Rheinland oder in Böhmen, deutschfeindliche Bastionen zu halten. Es kam zu einer Entwicklung, die man als "Rückzug Frankreichs aus Osteuropa" bezeichnet. Den Ausgleich dafür fand Frankreich, indem es sich nun um so mehr seinem eigenen Reich zuwandte. Es wurden Stimmen laut, daß das "ewige Schauen nach Westen" Frankreich von dem "imperialen Gedanken" abgelenkt habe, der seinem weltweiten Reich im Süden und anderen Erdteilen zugehört. Hinzu kam, daß die französischen Frontkämpfer ihre Stimme vernehmlich erhoben für den Frieden und die Achtung des Gegners; für den Frieden in Ehren, wie ihn ja gerade auch das nationalsozialistische Deutschland will. Noch immer ging es ja um die "moralische Abrüstung" nach dem Weltkriege; und nun begann hier Frankreich vor England voranzugehen.

Hinzu kam, daß man in Frankreich, trotz aller Abneigung gegen den Nationalsozialismus, diesem im allgemeinen doch nicht mit jener wunderlich reizbaren Empfindlichkeit gegenübertrat, die die englische Gegnerschaft zum Nationalsozialismus kennzeichnet.

Es zeigten sich Möglichkeiten einer deutsch-französischen Verständigung, wie man sie in Deutschland nach dem Verhalten Frankreichs im Siege 1918/19 und in den folgenden Nachkriegsjahren nicht erwartet hatte. Ein außenpolitisches Hauptziel des nationalsozialistischen Deutschland war ja seit 1933 auch die endgültige deutsch-französische Verständigung. Aus der langen Reihe von Worten und Handlungen, die diesem Ziel galten, mag hier nur die Unterredung Hitlers mit de Jouvenel vom 21. Februar 1936 hervorgehoben werden. In ihr sprach Hitler von der Korrektur, die er mit dieser Zielsetzung gegenüber Frankreich an seiner früheren Außenpolitik vorgenommen habe - das *Mein Kampf* noch als den unversöhnlichen Todfeind Deutschlands betrachtete.[21]

Die "Korrektur" jener Außenpolitik, die Hitler in *Mein Kampf* entwickelt hatte - niedergeschrieben zur Zeit der französischen Ruhrinvasion (1923) - diese Korrektur lag darin, daß **der Führer seit 1933 zur Verständigung auch mit dem zuvor für unversöhnlich gehaltenen Gegner Frankreich zu kommen suchte.** Wie Ribbentrop in seiner Danziger Rede vom 24. Oktober 1939 berichtete, war im Sommer 1933 zwischen Hitler und dem damaligen Ministerpräsidenten Daladier "ein politisches Treffen vereinbart worden, bei dessen Gelegenheit das deutsch französische Verhältnis bereinigt und eine Rüstungsvereinbarung getroffen werden sollte. Der Führer war erfüllt von dem Gedanken der Verständigung mit Frankreich, aber der französische Ministerpräsident sagte im letzten Augenblick ab. Wenige Wochen später war er nicht mehr Ministerpräsident. Die Gründe zu seinem Sturz waren scheinbar innerpolitisch. In Paris jedoch pfiffen es die Spatzen von den Dächern, daß niemand anders als England für den Sturz des französischen Ministerpräsidenten verantwortlich war. England sah zu jener Zeit eine Gefahr in diesem Manne, der als Mann des Volkes und Frontkämpfer vielleicht mit dem Frontkämpfer und Mann des Volkes Adolf Hitler sich verständigen könnte..." Deutschland und Frankreich sollten nicht zusammenkommen - das wollte die englische Politik, die damals den Sturz Daladiers verursachte.[22]

Während die Aussichten auf eine Verständigung zwischen Großdeutschland und Frankreich günstiger wurden, **begann sich der Widerstand Englands gegen den deutschen Wiederaufstieg zu verstärken.** Er zeigte sich überall, wo Deutschland mit der Entfaltung seiner wirtschaftlichen und politischen Beziehungen vorwärts kam. So wurde insbesondere das Bestreben Deutschlands, seine wirtschaftlichen Beziehungen mit den Nachbarstaaten Südosteuropas auszubauen, vielfach durch **englische Störungsaktionen** gehemmt. Man hat die Art, wie England die Bemühungen Deutschlands um Sicherung lebenswichtiger Rohstoffquellen durchkreuzte, als Beginn des Wirtschaftskrieges gegen Deutschland schon im Frieden bezeichnet.

Die weitere Entwicklung ist bekannt. **Im März 1939 begann England den Versuch der Einkreisungspolitik** - d.h.: den Versuch, mit den Gegnern Deutschlands in dessen Rücken (Polen, Sowjetrußland, Rumänien) zu einer Kriegskoalition gegen Deutschland zu kommen, die sich zu einem Ring von Kriegsbündnissen rings um Deutschland ausbreiten sollte. **In den englisch-französischen Verhandlungen mit den Partnern dieser erstrebten Kriegskoalition lag die Initiative durchaus bei England. England war es auch, das Polen als Pulverfaß zum Ausbruch des Koalitionskrieges gegen Deutschland praktizierte.**

Als schließlich bei Kriegsausbruch Mussolini einen letzten Vermittlungsversuch machte, da war es **wiederum England, das den Vermittlungsvorschlag ablehnte, den Deutschland und auch Frankreich angenommen hatten.**[23]

Doch damit greifen wir der Entwicklung vor. Hier galt es vorerst nur, aufzuzeigen, mit welchen Wandlungen der Gegnerschaft zu Deutschland Hitler in seiner Englandpolitik zu rechnen hatte. Mag man hier zwischen zwei Perioden der deutsch-englischen Politik unterscheiden. Die erste: in der Deutschland sich um Verständigung mit England bemühte, weil es bei diesem Gegner eine größere Verständigungsbereitschaft erwartete als bei Frankreich - wie in *Mein Kampf* niedergeschrieben (und wie wir es im vorangehenden Kapitel erörterten). Die zweite Periode: in der nicht Frankreich, sondern England sich als der eigentliche Gegner des deutschen Wiederaufstieges zeigte.

Wie antwortete Hitler auf diese nun sich zeigende Gegnerschaft Englands?...: Mit dem Versuch, nun erst recht mit diesem gefährlichen und letzthin schwer versöhnlichen Gegner zu einer endgültigen Verständigung zu kommen. Es ist nötig, die Gegnerschaft Englands zu Deutschland in ihren Veränderungen und in ihren bisher unveränderlichen Elementen deutlich ins Auge zu fassen, wenn man Hitlers Versuche um eine Verständigung mit England recht verstehen will.

5

Vergebliche Verhandlungen 1933-36

**Vergebliche Verhandlungen
über Rüstungsverständigung und
deutsche Revisionsforderungen 1933-36**

Ein (damals) klarsehender Engländer, **Lord Rothermere**, kennzeichnet zutreffend die Situation von 1933:[24] Während für den Kenner der Politik deutlich war, daß der 30. Januar 1933 einen Wendepunkt in der Geschichte Europas bedeutete, mochte man in England die nationalsozialistische Regierung nicht ernst nehmen und versäumte so Möglichkeiten der deutsch-englischen Verständigung. Man wollte nicht einsehen, daß die Zeit vorbei war, wo für die deutsche Regierung "die Abstellung des Unrechts (von Versailles) eine Angelegenheit bescheidenen Auftretens mit dem Hut in der Hand in Whitehall oder am Quai d'Orsay (war), wie es Brüning getan hatte"... Hitler und seine Männer waren von dem Gedanken durchdrungen, daß die von ihren parlamentarischen Vorgängern vorgetragenen demütigen Bitten um Abstellung und Hilfe zwecklos seien. Anderthalb Jahrzehnte lang hatten solche Bemühungen keine Änderung in den Friedensverträgen bewirkt, die der Haß gegen Deutschland wachhielt, das von bewaffneten Nachbarn eingeschlossen, selber aber unbewaffnet war. Es war zu erwarten, daß diese neue deutsche Regierung "von Bitten zu Forderungen übergehen und anstreben würde, diesen Forderungen mit entsprechender Macht ohne Rücksicht auf die verworfenen Friedensverträge Nachdruck zu verleihen."

Die deutsche Grundforderung nach Gleichberechtigung in Rüstung und Verträgen über Rüstungsbeschränkung war als Revisionsforderung zum Versailler Diktat rechtlich wohlbegründet. Sie **stützt sich auf den vielfältigen Vertragsbruch,** der dem Teil V des Versailler Diktates - Bestimmungen über die Entwaffnung Deutschlands - zugrunde lag, sowie auf das elementare Recht der nationalen Selbstverteidigung und der nationalen Ehre, das hier vertragsbrüchig verneint war. Sie **stützte sich ferner auf die vertragliche Pflicht der vormaligen Kriegsgegner zur Herabsetzung ihrer Rüstungen** gemäß der Satzung der Genfer Liga und dem Teil V des Versailler Diktatvertrages. Adolf Hitler suchte diese Grundforderung nach Rüstungsgleichheit zunächst im mühseligen Verhandlungswege und bereit zu weitgehendem Kompromiß mit den Widerständen der Gegner, der vormaligen Siegerpartei des Weltkrieges, durchzusetzen.

Als Rahmen für diese Verhandlungen bot sich die Genfer Abrüstungskonferenz. Deren Grundlage war Art. 8 der Satzung der Genfer Liga, in dem die Bundesmitglieder sich zu dem Grundsatz der Herabsetzung der Rüstungen bekennen. Im übrigen hatten sich die Kriegsgegner Deutschlands durch die Einleitungsklausel des Teil V verpflichtet: daß die Entwaffnung Deutschlands durchgeführt werde, "um den Beginn einer allgemeinen Rüstungsbeschränkung aller Nationen zu ermöglichen". Beides stand, wie sich aus den bekannten Motiven zur Satzung der Genfer Liga ergibt, in einem selbstverständlichen inneren Zusammenhang, der von französischer Seite bestritten, von Deutschland aber zur Basis seiner Forderung nach Gleichberechtigung in der vertraglichen Regelung der Rüstungsbeschränkung gemacht wurde.

Als es nach langjährig verschleppten Verhandlungen in der sogenannten Vorbereitenden Abrüstungskonferenz der Genfer Liga endlich zu dem Konventionsentwurf für die Rüstungsbeschränkung von 1931 kam, fand sich darin an fast versteckter Stelle unter zahlreichen anderen Bestimmungen der Art. 53 mit der Vorschrift: daß diejenigen Staaten, deren Rüstungen schon durch größere Verträge geregelt seien, an diese Verträge gebunden bleiben sollten. Das besagte: daß für Deutschland und seine vormaligen Bundesgenossen die Bestimmungen des Versailler Diktates bleiben sollten, die sie bis zur Wehrlosigkeit entwaffneten. Während für die übrigen Staaten in diesem Konventionsentwurf zwar grundsätzlich eine Herabsetzung der Rüstungen vorgesehen war, doch ohne Nennung von Zahlen, und alles darauf deutete, daß sie sich eine, der deutschen weit überlegene Rüstung vorbehalten wollten.

Zur Zeit der Regierung Papen (1932) hatte sich Deutschland wegen verweigerter Gleichberechtigung aus der Abrüstungskonferenz zurückgezogen. Während der Regierung Schleicher fand sich dann Deutschland zur Teilnahme an der Konferenz wieder bereit, auf Grund einer vagen und vieldeutigen Erklärung der vier Mächte Deutschland, Frankreich, England, Italien vom 11. Dezember 1932, laut derer "Deutschland und den anderen durch die Friedensverträge abgerüsteten Staaten die Gleichberechtigung zu gewähren sei in einem System, das allen Nationen Sicherheit bietet".[25]

Kurz nachdem Adolf Hitler die Führung von Volk und Reich angetreten, am 2. Februar 1933, fand sich die Konferenz wieder zusammen. Ihre Verhandlungen drohten alsbald wieder, sich in unfruchtbaren Debatten festzulaufen. Da legte am 16. März der englische Ministerpräsident Macdonald einen neuen Sicherheits- und Abrüstungsplan vor, der unter Aufhebung der Entwaffnungsbestimmungen des Versailler Vertrages im Schlußartikel 26 zahlenmäßig formulierte Vorschläge für die Herabsetzung der Rüstungen der Festlandsmächte Europas - nicht also für England - machte. Der Macdonald-Plan glich den deutschen Rüstungsstand in gewissem Umfang dem der anderen Mächte an und bot den äußeren Anschein einer Gleichstellung Deutschlands mit den anderen Mächten. Doch barg der Plan einen Komplex von

Bestimmungen, die Deutschland noch die volle Gleichberechtigung versagten.[26]

Es war ein Friedensopfer Deutschlands, als Hitler in seiner Reichstagsrede vom 17. Mai 1933 erklärte:[27] Deutschland sähe in dem englischen Plan eine mögliche Grundlage für die Lösung der Abrüstungsfrage, der Sicherheit und der Gleichberechtigung. Deutschland begnügte sich damit, "zumindest qualitative Gleichberechtigung" zu verlangen und in Einzelfragen Vorbehalte zu machen. Deutschland zeigte sich bereit, eine Rüstungskonvention einzugehen, die es zwar wieder wehrfähig machte, aber seinen Rüstungsstand auf ein Verhältnis zweifelloser Unterlegenheit gegenüber seinen Nachbarn freiwillig festlegte. **In England anerkannte man dann auch** - so namentlich in Reden von Henderson, Eden - **diese Erklärung Hitlers als einen bedeutsamen Schritt zur internationalen Rüstungsverständigung.**

Die Abrüstungskonferenz versäumte dann aber, auf der Basis dieses deutschen Angebotes weiter zu bauen. Es erhob sich in Frankreich und England ein heftiger Pressefeldzug gegen das nationalsozialistische Deutschland, das angeblich die Sicherheit Frankreichs erneut und in verstärktem Maße bedrohte; deshalb **werde erst eine Abrüstungskontrolle und eine Bewährungsfrist für Deutschland nötig,** bevor an Herabsetzung der Rüstung für die anderen Mächte gedacht werden könne. Es war dies der Standpunkt der französischen Regierung, für den sie dann auch die englische gewann. Man ließ in England den Macdonald-Plan fallen. Am 14. Oktober 1933 gab der englische Außenminister Simon in der Abrüstungskonferenz eine gewundene Erklärung über die notwendige Änderung des Macdonald-Planes ab. Diese lief praktisch darauf hinaus, daß für Deutschland die Waffenverbote und -beschränkungen des Versailler Diktates bestehen blieben und überdies auch eine Rüstungskontrolle einseitig gegen Deutschland eingeführt werden sollte. Als Begründung dafür brachte Simon eine durchsichtig verhüllte Verdächtigung des nationalsozialistischen Deutschland vor, das angeblich eine Bedrohung des Friedens darstellte.

Es sollte also nach diesem Simon-Plan bei der bisherigen Rechtsminderung und Diskriminierung Deutschlands in Anbetracht seiner Rüstung bleiben. Das Büro der Abrüstungskonferenz nahm den Simon-Plan als Verhandlungsgrundlage an. Man glaubte, daß Deutschland sich dem fügen würde, weil es durch die Propaganda der Gegner gegen den Nationalsozialismus so isoliert schien, daß es keinen Widerspruch mehr wagen könne.

Deutschland lehnte die Zumutung ab, auf der Basis des Simon-Planes weiter zu verhandeln, trat am 14. Oktober 1933 aus der Abrüstungskonferenz aus und kündigte am 19. Oktober seine Mitgliedschaft in der Genfer Liga. Die Gründe dafür hat der Führer mehrfach dargelegt.[28] Es zeigte sich, daß die Abrüstungskonferenz ohne Beteiligung Deutschlands sinn- und zwecklos wurde. Wollte man aber eine Wiederbeteiligung Deutschlands an Abrüstungskonferenz und Völkerbund, so mußte man mit Deutschland in Diskussion und Verhandlung treten. Es war Deutschland, von dem die Initiative zu solchen Verhandlungen ausging. Deutschland wandte sich in diplomatischen Besprechungen zunächst an England und Italien, dann auch an Frankreich. Ihm als dem hartnäckigsten Gegner des deutschen Anspruchs auf Gleichberechtigung in der Rüstung wurde dann das deutsche Memorandum vom 18. Dezember 1933 über die Möglichkeit einer Rüstungskonvention überreicht.

Dieser zweite Vorschlag des nationalsozialistischen Deutschlands zu einer internationalen Rüstungsverständigung ging davon aus, daß die Verhandlungen über eine Herabsetzung der Rüstungen gescheitert seien. Es könne sich nur noch um eine **Begrenzung der Rüstungen auf ein vernünftiges Maß handeln, und um die Angleichung der deutschen Rüstung an den so begrenzten Rüstungsstand der anderen.** Während Deutschland bisher in den Verhandlungen das Ziel verfolgt hatte: "Gleichberechtigung durch allgemeine Abrüstung", lautete das Motto nunmehr: "Gleichberechtigung durch allgemeine Rüstungsbeschränkung und deutsche Nachrüstung." Die Denkschrift bezeichnete eine Heeresstärke von 300.000 Mann mit kurzer Dienstzeit und mit der Normalbewaffnung einer modernen Verteidigungsarmee für notwendig.

Es kam zu einem umfangreichen Notenwechsel zwischen den vier Großmächten. Italien stimmte dem deutschen Vorschlag zu: Das 300.000-Mann Heer Deutschlands bringe in die europäischen Rüstungsverhältnisse keine anderen Perspektiven als der Macdonald-Plan des 200.000-Mann-Heeres, denn der deutsche Plan setze unveränderte Rüstungen der anderen Staaten, der Macdonald-Plan hingegen herabgesetzte Rüstungen voraus. England erklärte in seiner Denkschrift vom 16. März 1934: Eine Versöhnung der Standpunkte Frankreichs und Deutschlands sei die wesentliche Vorbedingung für eine allgemeine Einigung, und entwarf die Richtlinien eines Kompromisses zwischen dem französischen Sicherheitsprinzip und der deutschen Forderung nach Gleichberechtigung.

Deutschland nahm den englischen Kompromißvorschlag als Konventionsgrundlage an unter der Voraussetzung einer gewissen Modifikation namentlich hinsichtlich der Luftrüstung. Deutschland forderte 50% der vereinigten militärischen Luftflotte seiner Nachbarn oder 30% der französischen. **Es war dies der dritte Vorschlag Deutschlands zu einer internationalen Rüstungskonvention.** Das Friedensopfer, das Deutschland hier brachte, lag insbesondere in dem deutschen Einverständnis dazu, daß die Rüstungsminderung der anderen Mächte bis auf den Rüstungsstand des (nachrüstenden) Deutschlands erst nach einer Periode von fünf Jahren erfolgen sollte.

Es kam zu einem Noten- oder Briefwechsel zwischen England und Frankreich über die Widerstände Frankreichs gegen den gemeinsamen Konventionsplan der Mächte England, Italien, Deutschland. In der bekannten Note vom 17. April 1934 an die englische Regierung **sprach Frankreich sein Nein aus zu einer Rüstungskonvention, die Deutschland Gleichberechtigung gewährte,** und brach die seit Oktober 1933 zwischen den vier Großmächten geführten Unterhandlungen über die Fortsetzung der Abrüstungskonferenz ab.

Deutschland begann nun seine Rüstung aus eigenem Recht auf den Stand zu bringen, den es für seine Selbstverteidigung nötig erachtete. Gleichzeitig aber **erklärte Adolf Hitler sich ausdrücklich zu weiteren Verhandlungen bereit und machte erneut Vorschläge für eine neue Rüstungskonvention zwischen Deutschland, Frankreich, England und für eine internationale Rüstungsbeschränkung überhaupt.**

Der geschichtliche Verlauf der Dinge ist bekannt. Deutschland hatte zunächst seine Rüstung in jenem Umfange zu erhöhen begonnen, zu dem Ende Januar 1934 England und Italien ihre Zustimmung gegeben. Im Herbst 1934 schien England bereit, auf Grund der vollzogenen Tatsache der deutschen Nachrüstung, Verhandlungen über eine Rüstungskonvention wieder aufzunehmen (Unterhausreden Baldwin und Simon vom 25. und 29. November). Im übrigen erhob sich nun erneut das Wettrüsten der Mächte. Das englische Weißbuch vom 4. März 1935 stellte die in aller Welt im Gang befindliche Aufrüstung fest, ließ die Abrüstungsforderung fallen und verkündete eine beträchtliche Rüstungsvermehrung Englands. Durch Dekret vom 15. März 1935 verfügte die französische Regierung die Verlängerung der Militärdienstzeit in Frankreich, und zwar zunächst als eine Heeresvermehrung von vorerst 50%, dann 100%. Darauf wurde sogleich am 16. März in Deutschland das Gesetz über den Aufbau der Wehrmacht verkündet, das die allgemeine Wehrpflicht wiederherstellte und ein deutsches Friedensheer von 12 Armeekorps festsetzte.

Während die Gegner der deutschen Gleichberechtigung und Nachrüstung mit Protesten antworteten, entwickelte Adolf Hitler in der Friedensrede vom 21. Mai 1935 **das Programm für eine internationale Friedens- und Sicherheitsordnung mit deutschen Vorschlägen zur Rüstungsbegrenzung auf der Basis der deutschen Gleichberechtigung.** In Punkt 9 erklärte die Reichsregierung sich bereit, "sich an allen Bestrebungen aktiv zu beteiligen, die zu praktischen Begrenzungen uferloser Rüstungen führen können" - unter der selbstverständlichen Voraussetzung der deutschen Gleichberechtigung. In solchem Sinne erklärte Deutschland sich insbesondere bereit zu einer internationalen

Beschränkung hinsichtlich der schwersten, für den Angriff besonders geeigneten Waffen, wie auch bezüglich der Kaliberstärken der Kriegsflotte. Als eine innerlich notwendige Ergänzung solcher Rüstungsbeschränkung betrachtete dieser deutsche Friedensplan internationale Vereinbarungen über das Kriegsrecht - im Sinne der Humanisierung des Krieges oder der Ehrlichkeit der Waffen (Punkt 9).

Vor allem aber machte der Führer konkrete Angebote der Rüstungsbeschränkung zwischen den Westmächten und Deutschland. Sein Angebot ging dahin: "Deutschland und Frankreich möchten ihre Armeen gemeinsam auf einen Stand von 300.000 Mann bringen; Deutschland, England und Frankreich möchten gemeinsam ihre Luftwaffe auf einen gleichen Stand bringen; und Deutschland und England möchten ein Abkommen treffen über das Verhältnis ihrer Kriegsflotten..."[29] Nur der letzte Teil dieses Angebotes wurde von der Gegenseite - von England - angenommen. **Im übrigen lehnte England fortan weitere Verhandlungen über Rüstungsbeschränkung vor vollzogener eigener Aufrüstung ab. Das heißt: England wollte nicht eher wieder an den Konferenztisch treten, als bis es im Besitze erdrückender Rüstungsüberlegenheit den Inhalt der Rüstungskonvention würde diktieren können.**[30]

Bis dahin hatte die deutsche Revisions- und Friedenspolitik bei ihren Forderungen oder Vorschlägen zum Rüstungsproblem gleichsam die Bündnisse der andern als Faktor ihrer Rüstungen ignoriert. Deutschland hatte z. B. seinerzeit den Macdonald-Plan von 1933 angenommen, der in der Bewilligung von je 200.000 Heeresstärke für Frankreich und Deutschland eine Parität beider Mächte zu gewähren schien. Man gab das von der Gegenseite als eine auch Deutschland Sicherheit gewährende Parität der Heeresstärken aus, obgleich doch Frankreichs Rüstung durch die seiner Verbündeten verstärkt wurde.[31]

Der Ring der französischen Bündnisse, der damals Belgien, Polen und die Kleine Entente umfaßte, stellte nach dem Macdonald-Plan eine Gesamtheeresstärke von 1.025.000 Mann, also eine fünffache Übermacht gegenüber Deutschland dar. Seit Barthou nun den Ring der

Einkreisung gegen Deutschland zu befestigen suchte, mußte Deutschland auf der Hut sein. Wie dann der französisch-russische Beistandspakt vom 2. Mai 1935 den Locarno-Pakt zum Zerfall brachte, braucht hier nicht ausgeführt zu werden.

Übrigens hatte Deutschland den eigentlichen Sicherheits- und Friedenswert des Locarno-Vertrages in den Nichtangriffsabreden und ihrer Kontrolle sowie in den Elementen moralischer Abrüstung gesehen, die dieses Vertragswerk darstellt. Während die Beistandsklauseln des Locarno-Vertrages als angebliche Garantie auch für Deutschland deutscherseits mit der gebührenden Skepsis betrachtet wurden. Am 7. März stellte Deutschland die Wehrhoheit im Rheinland und damit das volle Recht zur Verteidigung der westlichen Landesgrenze wieder her, das ihm das Versailler Diktat und der Locarno-Pakt versagt hatten.

Gleichzeitig aber erklärte Adolf Hitler in seiner Reichstagsrede vom selben Tage, daß **Deutschland mit seiner nun wieder vollkommen hergestellten Gleichberechtigung nun erst recht eintrete für eine Verständigung der Völker Europas** und insbesondere mit seinem westlichen Nachbarn.[32] In solchem Sinne schlug der Führer in dieser Rede und der Denkschrift vom 31. März 1936[33] eine sinngemäße Erneuerung des Locarno-Vertrages vor **durch einen neuen Westvertrag** auf der Basis vollkommener Gleichberechtigung: beiderseitige Entmilitarisierung des Grenzlandes in beliebiger Ausdehnung oder sonstiger militärischer Beschränkung in diesen Gebieten; dazu Nichtangriffsversprechen zwischen Deutschland und seinen Grenznachbarn Frankreich und Belgien, die nach Form und Inhalt die endgültige Versöhnung zwischen diesen vormaligen Kriegsgegnern vollziehen sollten, und anderes mehr. Der Vorschlag, England und Italien als Garantiemächte an dem Vertragswerk zu beteiligen, war offensichtlich als Weg zur Verständigung mit England und Italien gemeint.

Dieser Friedensplan der deutschen Revisionspolitik stieß bei den Westmächten auf bedauerliche Verständnislosigkeit in rechtlicher und in politischer Hinsicht. Man wollte in dem deutschen Vorgehen nur einen Bruch des Art. 43 des Versailler Vertrages und des Locarno-Paktes sehen, nicht die Antwort auf eine Vertragsuntreue und nicht eine Revisionsaktion der nationalen Selbstverteidigung. Und man übersah das Verständigungsangebot, mit dem Deutschland die vollzogene Revision verband. Es folgte ein Austausch von Erklärungen. Wenn Adolf Hitler die sonderbaren Rückfragen der englischen Regierung vom 6. Mai 1936, den sogenannten Fragebogen Eden, keiner Antwort würdigte, so behielt er doch das Ziel der deutsch-englischen Verständigung im Auge - wie in einer Reihe von Tatsachen deutlich wurde.

6

Die Mission Ribbentrop

Soweit in einfachen Zügen das geschichtliche Bild der Verhandlungen von 1933 bis 1936 über eine europäische Rüstungsverständigung und die deutsche Gleichberechtigung. Die Grundtatsachen stehen heute schon historisch fest, wenngleich die künftige Geschichtsschreibung gewiß noch weitere Quellen erschließen wird.

Die Initiative dieser Verhandlungen über eine europäische Rüstungsverständigung lag bei England, das nach dem Krieg seine Rüstungen nicht mehr in dem Maße erhöht hatte wie die anderen hochgerüsteten Mächte (Frankreich und seine "Trabanten-Staaten", aber auch Italien). Nachdem Deutschland wegen verweigerter Gleichberechtigung aus der Genfer Liga und der Abrüstungskonferenz ausgeschieden, richteten sich die Bemühungen Englands vor allem darauf, Deutschland wieder zur Teilnahme an mehrseitigen Verhandlungen und Verträg[en] über Rüstungsbeschränkung auf der Basis eines Kompromisses über die deutsche Nachrüstung heranzuziehen und die Hemmungen zu beseitigen, die einer Wiederbeteiligung des nachrüstenden Deutschlands an der Rüstungsverständigung entgegenstanden. Es ging da, wie wir sahen, insbesondere um den Widerstand Frankreichs gegen die deutsche Gleichberechtigung und um Englands Vermittlung zwischen den Forderungen Frankreichs und Deutschlands zur deutschen Rüstung. Nun aber zeigte sich bei diesen Verhandlungen ein bedeutsamer Unterschied in der verständigungspolitischen Haltung der beiden Mächte England und Deutschland.

Deutschland beteiligte sich in den Verhandlungen über europäische Rüstungsverständigung mit dem Ziele: zur politischen Annäherung, Aussöhnung und dauerhaften Verständigung mit den Hauptmächten England, Frankreich und Italien zu kommen. Eine solche wirkliche Verständigung zwischen den bislang gegnerischen Mächten sollte Voraussetzung und Hauptinhalt der Rüstungskonvention sein. Die Sonderverhandlungen mit England waren für Deutschland ein willkommener Anlaß, um damit die deutsch-englische Verständigung - ein Hauptziel der deutschen Außenpolitik - vorwärts zu treiben. Dabei war Deutschland wohl bereit, dem Frieden ein Opfer zu bringen; nicht aber, die Gleichberechtigung Deutschlands von "Bedingungen" abhängig zu machen.

Anders die englischen Verhandlungen mit Deutschland. England kam es im Grunde nur darauf an, das nachrüstende Deutschland wieder in die Genfer Liga oder die Abrüstungskonferenz hineinzuziehen und in diesem Rahmen die deutsche Rüstung festzulegen. Als eigentlichen Gegenstand der Verhandlungen betrachtete man in sonderbarer Überheblichkeit **die Bedingungen, unter denen England eine gewisse Gleichberechtigung Deutschlands in der Rüstung einzuräumen bereit sei;** die Bedingungen also, unter denen England die deutsche Nachrüstung "dulden könne".... **Der Gedanke einer wirklichen Verständigung mit dem nationalsozialistischen Deutschland lag der englischen Regierung oder den maßgeblichen Politikern recht fern.**[34]

Die Hauptfakten, in denen dieser Unterschied zum Ausdruck kommt, waren die Informationsreisen englischer Staatsmänner in den Jahren 1934/35 und auf deutscher Seite die Mission Ribbentrop.

Im Februar 1934 hatte die englische Regierung den Lordsiegelbewahrer und nachmaligen Außenminister Eden auf eine Rundreise nach Paris, Berlin und Rom geschickt, um "in direkter Aussprache" die Auffassung der dortigen Regierungen über die Möglichkeiten einer

Rüstungsverständigung festzustellen. Zu dem gleichen Zweck wurden im März 1935 nochmals zwei englische Minister, Simon und Eden, nach Berlin gesandt. Die deutsche Regierung nahm die Gelegenheit wahr zur Aussprache über die wiedererrichtete Wehrhoheit zur See und die daraus wie aus dem deutschen Willen zur Verständigung sich ergebende Möglichkeit einer vertraglichen Festlegung der Rüstungsverhältnisse zwischen Deutschland und England zur See. Englischerseits betonte man bei beiden Ministerreisen nach Berlin, daß es sich nur um Erkundigungsaussprachen handeln sollte, nicht um Verhandlungen, bei denen man auf ein bestimmtes Ziel hinarbeitet. Wenn man freilich dabei das Moment der "freundschaftlichen" Aussprache erwähnte, so konnte das, vor allem in Anbetracht der Persönlichkeit Edens, nur als eine unverbindliche Höflichkeit aufgefaßt werden.

Wenn es einer Regierung ernst ist um Verständigung mit einer anderen Nation, so pflegt sie für Aussprache und Verhandlung einen Staatsmann auszuwählen, der als Persönlichkeit diese Verständigungspolitik zur anderen Nation repräsentiert, keinesfalls aber einen Mann, der ihr gegnerisch gesonnen ist. Von Eden nun aber war allzu bekannt, daß er ein überzeugter Gegner des Nationalsozialismus ist und für die Frage der deutschen Gleichberechtigung so wenig Verständnis aufbrachte, daß er vielmehr öffentlich als Fürsprecher des Versailler Diktates auftrat. Der englische Standpunkt, daß es sich bei den Verhandlungen über Rüstungsverständigung mit Deutschland um "Bedingungen" handle, die Deutschland zu erfüllen habe, ist denn auch später gerade von Eden besonders überheblich und herausfordernd ausgesprochen worden. Daß der "Fragebogen" Edens vom 6. Mai 1936 und die entsprechenden Äußerungen in seiner Unterhausrede vom 19. Januar 1937 über Deutschland und die internationale Verständigung eine solche nicht fördern konnten, sondern geradezu als Hemmnis der Verständigung zwischen Deutschland und England wirkten, ist von erfahrenen Politikern verschiedener Nationen, auch von einsichtigen Engländern hervorgehoben worden.

Wenn hingegen Hitler in jenen Jahren öfter Joachim von Ribbentrop nach England sandte - anfänglich nur als Mann besonderen Vertrauens ohne diplomatischen Rang, aber mit vielfältigen persönlichen Beziehungen nach England, dann als Botschafter in besonderer Mission und schließlich am 11. August 1936 als deutschen Botschafter beim König von Großbritannien - **so wußte man drüben schon nach der Persönlichkeit dieses Abgesandten: Seine Hauptaufgabe sollte die Verständigung zwischen Deutschland und England sein.**

Als deutscher Unterhändler zur europäischen Rüstungsverständigung trat Ribbentrop namentlich in seinen Reisen nach London vom Mai und November 1934 auf. Seine Unterredung mit Eden vom November 1934 hatte - das ist im besonderen Maße bezeichnend für das Verhältnis zwischen England und Deutschland - gerade als Verständigungsaktion zwischen den beiden Mächten das Mißtrauen der englischen Linken erregt. Ribbentrop führte dann die Verhandlungen für die von Hitler vorgeschlagene Sonder-Rüstungsverständigung zwischen Deutschland und England über ihre beiderseitigen Seestreitkräfte und brachte **die Flottenkonvention vom 18. Juni 1935** zustande. Von diesem Friedenswerk wird sogleich noch besonders zu sprechen sein.

Zum Botschafter beim König von Großbritannien ernannt, konnte Ribbentrop nun sich ganz der ihm von Hitler gestellten Aufgabe der deutsch-englischen Verständigung widmen. Das Unternehmen war für ihn nicht einfach - und wurde auch noch von widerstrebenden Kräften besonders erschwert: wirksame Beziehungen zu solchen Politikern Englands zu pflegen, die für eine Verständigung mit Deutschland bereit waren. Zugleich galt es, für eine Reihe politischer "Fragen", die trennend zwischen Deutschland und England standen, einen Ausgleich zu finden.

Es verdient hervorgehoben zu werden, daß Ribbentrop neben seinen ersten politischen Reisen nach England sich um die Verständigung zwischen deutschen und französischen Frontkämpfern bemüht hatte und auch weiterhin seine vielfältigen persönlichen Beziehungen nach

Frankreich im Sinne der Verständigung zwischen Deutschland und dieser seiner westlichen Nachbarnation verwendete. Das entsprach dem Willen Hitlers, der **die Verständigung zwischen Deutschland und England mit einer solchen zwischen Deutschland und Frankreich zu vereinigen** strebte und das in einer Reihe von Erklärungen und Vorschlägen zum Ausdruck brachte - zuletzt noch in **dem Verständigungsangebot vom 25. August 1939.**

Die künftige Geschichtsschreibung wird die Mission Ribbentrop als eines der wichtigsten Ereignisse der jüngsten Weltgeschichte auf ihrem Wege zwischen Frieden und Krieg zu behandeln haben. Nur ein Teil der vom Führer gestellten Aufgabe, über eine endgültige Verständigung zwischen Deutschland und England zu verhandeln, reicht in den Bereich der politischen Öffentlichkeit. Die wichtigsten Vorschläge Adolf Hitlers an England, über die Ribbentrop zu verhandeln hatte, blieben vertraulich. Erst aus den Mitteilungen, die Ribbentrop in seiner Danziger Rede vom 24. Oktober 1939 machte, erfuhr die Welt erstmalig von dem großzügigen Angebot des Führers zu einem Vertragswerk, durch das die endgültige Verständigung zwischen beiden Mächten vollzogen und gesichert werden sollte.

Es handelte sich damals, so berichtet Ribbentrop in jener Rede, um konkrete Vorschläge, die er wiederholt dem englischen Premierminister, Außenminister oder sonstigen maßgeblichen Persönlichkeiten des öffentlichen Lebens unterbreitete. Diese Angebote umfaßten im wesentlichen folgende Punkte:

1. ein deutsch-englisches Flottenabkommen auf der Basis 35:100;
2. die ewige Unantastbarkeit der zwischen Deutschland und England liegenden Länder Holland, Belgien und Frankreich;
3. Respektierung der britischen Interessen in der Welt durch Deutschland und Respektierung der deutschen Interessen in Osteuropa durch England;

4. ein Schutz- und Trutzbündnis zwischen den beiden Ländern, wobei Deutschland auf englische Waffenhilfe verzichtete, seinerseits aber bereit war, sowohl seine Flotte als auch eine bestimmte Zahl von Divisionen jederzeit England zur Sicherstellung seines Imperiums zur Verfügung zu stellen.

Es ist notwendig, sich über den Sinn und die Tragweite dieses großen Verständigungsangebotes von Adolf Hitler an England Rechenschaft zu geben.

7

Das große Verständigungsangebot

Das große Verständigungsangebot Adolf Hitlers
an England und die deutsch-englische Flottenkonvention
vom 18. Juni 1935

Von dem großen Verständigungsangebot des Führers an England, für das sich einzusetzen Ribbentrop beauftragt war, nahm die englische Regierung nur den Vorschlag einer Festlegung des Kräfteverhältnisses zwischen den beiderseitigen Seestreitkräften im Verhältnis 35:100 an - **also die einseitige und freiwillige Rüstungsbeschränkung für die deutschen Seestreitkräfte, die Deutschland anbot.**

Aus den geschichtlichen Quellen geht dies hervor: Deutschland hatte sich an den Verhandlungen über eine europäische Rüstungsbeschränkung nur beteiligt, um sein vitales Interesse an der Gleichberechtigung in der nationalen Selbstverteidigung zu wahren, und weiter, um seinen guten Willen in Anbetracht eines internationalen Vertragswerkes zu bezeigen, von dem andere Mächte Nutzen für ihre Sicherheit erwarteten. Deutschland selbst hatte an einer internationalen Rüstungsbeschränkung kein unmittelbares eigenes Interesse. Es begnügte sich mit der Gleichberechtigung hinsichtlich der Rüstung - sei es im Rahmen einer Rüstungskonvention, sei es im Sinne der souveränen

Wehrhoheit, die besagt: daß jeder Staat seine Rüstung entsprechend seinen besonderen Sicherheitsbedürfnissen und seinem Vermögen entwickeln darf. **Im friedfertigen Bewußtsein seiner eigenen Stärke sah Deutschland kein eigenes vitales Interesse darin, die Rüstungen der anderen Mächte beschränken zu lassen - im Unterschied also zu England, das sich an der Rüstungsbeschränkung der anderen stark interessierte.**

So äußerte Hitler schon in seiner Unterredung mit Ward Price vom August 1934: Die Vermehrung der britischen Luftstreitkräfte errege nicht die geringste Erbitterung in Deutschland - möge England auch seine Flotte verdoppeln oder vervierfachen oder auf jede beliebige Stärke bringen... Und in der Reichstagsrede vom 30. Januar 1937: "Wenn... Großbritannien heute das Ausmaß seiner Rüstung festlegt, so wird dies in Deutschland jedermann verstehen, denn wir können es uns nicht anders denken, als daß für die Bemessung des Schutzes des englischen Weltreiches ausschließlich London selbst zuständig ist..." Es sei klar, daß das Ausmaß der Rüstung für eine Verteidigung bestimmt wird und von dem Ausmaß der Gefahren, die ein Land bedrohen. Darüber zu urteilen, sei jedes Volk selbst zuständig, und zwar allein zuständig...

Im übrigen ist Deutschland vorwiegend Landmacht, deren Sicherheitsbedürfnis stärkere Land- und Luftstreitkräfte erfordert, während sein Sicherheitsbedürfnis zur See einen verhältnismäßig geringeren Rüstungsstand der Seestreitkräfte erfordert. Hinzu kommt, daß Deutschland seit 1933 dazu überging, seine Volkswirtschaft so weit als irgend möglich umzustellen auf Selbstversorgung aus eigenem Boden und aus der kontinentalen Nachbarschaft. Die Notwendigkeit dieser Entwicklung ergab sich aus einer Reihe von Faktoren: dem Raub seiner Kolonien und seines großen Auslandsvermögens; aus den Folgen der sogenannten Reparationspolitik, die die Weltwirtschaft in Unordnung brachte, und aus dem Verfall der freien Weltwirtschaft überhaupt. **Aus den Erfahrungen des Weltkrieges, vor allem der erlittenen Hungerblockade zog Deutschland die Folgerung: die "Lebensadern" seiner Volkswirtschaft tunlichst von den Weltmeeren** zurückzuziehen und auf das Festland zu verlegen. In dem Maße, wie demnach die Zufuhr aus Übersee weniger lebensnotwendig für Deutschland wurde, konnte Deutschland erst recht **das Maß seiner Seestreitkräfte gering ansetzen und damit zugleich England entgegenkommen,** das in größeren deutschen Seestreitkräften eine Bedrohung seiner Sicherheit sah.

Der Führer hat mehrfach diese Eigenart des deutschen Sicherheitsinteresses hervorgehoben, seine Rolle als Basis der deutsch-englischen Verständigung klargestellt und es als ein Moment gekennzeichnet, das es Deutschland ermöglicht, den "Vorrang der englischen Seemachtinteressen" vorbehaltlos anzuerkennen. So heißt es insbesondere in seiner Rede vom 21. Mai 1935, im 8. der 13 Punkte:

> "Deutschland hat weder die Absicht noch die Notwendigkeit oder das Vermögen, in irgendeine neue Flottenrivalität einzutreten. Die deutsche Reichsregierung erkennt von sich aus die überragende Lebenswichtigkeit und damit die Berechtigung eines dominierenden Schutzes des britischen Weltreiches zur See an, genau so, wie wir umgekehrt entschlossen sind, alles Notwendige zum Schutze unserer eigenen kontinentalen Existenz und Freiheit zu veranlassen. Die deutsche Regierung hat die aufrichtige Absicht, alles zu tun, um zum britischen Volke und Staate ein Verhältnis zu finden und zu erhalten, das eine Wiederholung des bisher einzigen Kampfes zwischen beiden Nationen für immer verhindern wird."[35]

Auf Grund des deutschen Vorschlages kam es dann zu der deutsch-englischen Flottenkonvention[36] **vom 18. Juni 1935** mit ergänzenden Abreden vom 17. Juli 1937 und 29. Dezember 1938. Die Flottenkonvention wurde vollzogen durch Briefaustausch zwischen dem englischen Außenminister, Sir Samuel Hoare, und dem außerordentlichen bevollmächtigen Botschafter des Reichs, v. Ribbentrop; unterzeichnet am Tage von Waterloo. Kernstück des Vertrages war die

Vereinbarung: daß die zukünftige Stärke der deutschen Flotte gegenüber der Gesamtflottenstärke der Mitglieder des Britischen Reiches im ständigen Verhältnis 35:100 stehen solle. Dieses Stärkeverhältnis solle unberührt bleiben durch Baumaßnahmen anderer Mächte. Sollte jedoch durch außergewöhnliche Baumaßnahmen fremder Mächte das allgemeine Gleichgewicht der Seerüstungen erheblich gestört werden, so blieb der Reichsregierung vorbehalten, die britische Regierung zu einer Prüfung der so entstandenen neuen Lage aufzufordern.

Die Reichsregierung erklärte sich ferner für jenes System der Rüstungsbeschränkung, nach dem die Kriegsschiffe in Kategorien eingeteilt werden, wobei die Höchsttonnage und das Höchstkaliber der Geschütze für die Schiffe jeder Kategorie festgesetzt und die jedem Lande zustehende Tonnage nach Schiffskategorien zugeteilt wird. Hinsichtlich der U-Boote behielt sich jedoch Deutschland Parität der Tonnage gegenüber der U-Boot-Flotte des britischen Reiches vor. Von diesem Recht wollte Deutschland jedoch nur nach vorangehender Mitteilung und freundschaftlicher Erörterung mit England Gebrauch machen und bis dahin sich vorläufig mit 45% der U-Boot-Tonnage des britischen Reiches begnügen.

Zugleich mit dieser Flottenkonvention erklärte Deutschland sich bereit zum Beitritt zu der U-Boot-Kriegskonvention der Seemächte von 1930 (Abschnitt IV des Londoner Flottenvertrages von 1930). Diese Erklärung, die man als "Verzicht auf unbeschränkten U-Boot-Krieg" zu bezeichnen pflegt, entsprach der von Adolf Hitler auch sonst vertretenen Auffassung, daß die vertragliche Rüstungsbeschränkung sinngemäß durch vereinbartes Recht der Kriegshumanisierung oder der ehrlichen Waffenführung ergänzt werden muß.[37]

Das Zusatzabkommen zur Flottenkonvention vom 17. Juli 1937, unterzeichnet von Ribbentrop, Eden und Duff Cooper, enthielt u.a. ein Übereinkommen über Schiffsgrößen und Bestückung der Kriegsschiffe, verschiedene rüstungstechnische Einzelheiten und betreffend den beiderseitigen Nachrichtenaustausch über Schiffsbauten.

Im Dezember 1938 teilte Deutschland dem Vertragspartner mit, daß es die vertraglich vorgesehene Verstärkung seiner U-Boot-Flotte nunmehr für notwendig halte. Es kam zu Verhandlungen mit einer englischen Flottendelegation in Berlin. Die Verhandlungen fanden in den zwischen den beiderseitigen Marineoffizieren gewohnten kameradschaftlichen Formen statt; die Presse beider Länder hob ihren freundschaftlichen Geist hervor. In der englischen Presse anerkannte man das vertragsgerechte Vorgehen Deutschlands, auch seine bisherige Vertragstreue zur Konvention, aber man fand es enttäuschend, daß Deutschland von seinem Recht zur U-Boot-Parität mit England Gebrauch machte.

Im übrigen aber blieb Deutschland enttäuscht über **die sonderbar geringschätzige Art, in der England das deutsch-englische Flottenabkommen auffaßte.**

Deutschland sah mit gutem Grund **die einseitige und freiwillige Begrenzung der deutschen Seestreitmächte auf 35% der englischen als ein in der Geschichte der Großmächte einzigartiges Entgegenkommen Deutschlands gegenüber England** an (so noch im Memorandum der Reichsregierung vom 28. April 1939), und als **ein Friedensopfer für die deutsch-englische Verständigung.** Selbstverständliche Voraussetzung war die Wiederherstellung der deutschen Wehrhoheit entsprechend dem Urrecht der nationalen Selbstverteidigung, das der Friedensvertrag von Versailles Deutschland vertragsbrüchig genommen hatte. Eine Rechtswiederherstellung aus eigener Macht, die Deutschland erst nach dem Mißlingen langdauernder gütlicher Revisionsverhandlungen vollzog. Im übrigen war nach deutscher Auffassung die Flottenkonvention ja nur der Teil eines umfassenden Vorschlages zur radikalen Verständigung zwischen Deutschland und England und sollte der sichere Ausgangspunkt sein für eine fortschreitende Annäherung beider Nationen bis zur Verwirklichung von Hitlers großem Verständigungsvorschlag an England.

Anders die englische Auffassung von der Flottenkonvention. Man konnte sich in England nicht von jener Auffassung freimachen, welche das vertragsbrüchige Diktat von Versailles als gegebene und rechtlich begründete Situation zwischen beiden Mächten ansah. Wenn Deutschland den Zustand der Wehrlosigkeit von Versailles beseitigen wollte, so hätte das geschehen müssen in den Formen der Bitte um Gewährung und Duldung, unter Bedingungen des Verhandelns bis zur Einigung und der Zahlung eines Äquivalentes, eines politischen Loskaufs also... Man nahm schließlich die Wiederherstellung der deutschen Wehrhoheit "durch einseitige Akte" als gegebene Tatsache hin, aber man mißbilligte sie. Und so betrachtete man die Flottenkonvention im Grunde als einen unerfreulichen Kompromiß über den angeblichen Vertragsbruch der deutschen Wiederaufrüstung.

Während Deutschland die deutsch-englische Verständigung als eigentlichen Sinn und Inhalt der Flottenkonvention und eben darin ihren eigentlichen Wert erblickte, betrachtete man in England diesen Pakt nur als Teil der zu erstrebenden vielseitigen Rüstungskonvention, an der auch die anderen Mächte beteiligt sein sollten. Nur vereinzelte Stimmen wurden aus englischen Regierungskreisen über den politischen Wert der Flottenkonvention laut. Man war nicht abgeneigt, sie als "einen praktischen Schritt in der Richtung auf internationale Rüstungsbeschränkung" anzusehen, und zwar als "ersten" solchen Schritt seit dem Weltkriege (Baldwin 29. Juni 1935).[38]

Bezeichnend blieb es, wenn solche englische Äußerungen als Antwort auf starke englische Kritik an der Flottenkonvention fielen. Die Unterhausrede Hoare vom 11. Juli 1935 suchte solcher Kritik gegenüber das Flottenabkommen mit Ausführungen zu rechtfertigen, die wie eine Bitte um Entschuldigung an das Parlament klangen: daß die englische Regierung sich auf diesen Vertrag mit Deutschland eingelassen habe. Man hat gelegentlich solcher Kritik gegenüber auch auf die von Deutschland zu erwartende und in der Folgezeit geleistete Vertragstreue Deutschlands hingewiesen. **Niemals aber hat ein englische Staatsmann das Friedensopfer öffentlich gewürdigt, das das mächtige Deutschland mit dieser freiwilligen und einseitigen Begrenzung** seiner Seerüstungen zugunsten Englands für die deutsch-englische Verständigung vollzog.

Der Führer hatte bei dem Angebot dieser Flottenkonvention betont - und das mehrmals wiederholt: **Daß es sich bei dem Vertragswerk um einen radikalen Kriegsverzicht zwischen den beiden Nationen handle.** Es gelte hier für die beiden Nationen ein Verhältnis zu finden und zu erhalten, durch das eine Wiederholung des bisher einzigen Kampfes zwischen beiden Nationen für immer vermieden würde (Friedensrede vom 21. Mai 1935).[39]

Und Adolf Hitler hatte bei dieser Auffassung vom Flottenabkommen zugleich das gesamte Verständigungswerk zwischen beiden Nationen im Auge, wie er es in seinem großen Verständigungsangebot zum Ausdruck gebracht hatte.

Vom amtlichen England aber kam kein Widerhall auf diese deutsche Kriegsverzichts-Beteuerung. Man übersah sie, wie überhaupt das besondere Motiv der deutsch-englischen Verständigung in dieser Flottenkonvention. Erst im September 1938 griff Chamberlain das Motiv des deutsch-englischen Kriegsverzichtes auf und entwarf die deutsch-englische Erklärung von München (30. September), nach welcher beide Vertragspartner das deutsch-englische Flottenabkommen (und den Münchener Viermächtevertrag vom 29. September 1938) "als symbolisch ansehen für den Wunsch der beiden Völker, niemals wieder gegeneinander Krieg zu führen".[40] Es geschah dies zu einer Zeit, als eine solche Erklärung der englischen Regierung für Deutschland schon nicht mehr recht glaubhaft war (wovon noch zu sprechen sein wird).

Im übrigen hatte sich Chamberlain auch in seinen Äußerungen vom Herbst 1938 über den Friedenssinn der deutsch-englischen Flottenkonvention von 1935 (und das Münchener Abkommen von 1938) wohl gehütet, das große Verständigungsangebot Hitlers an England zu erwähnen, dessen Teil nach Hitlers Wunsch doch die Flottenkonvention sein sollte und dessen andere Teile England nach wie vor ablehnte.

Mit diesen anderen Teilen von Adolf Hitlers großem Verständigungsangebot sowie der Art und den Gründen der englischen

Ablehnung wird sich die künftige Geschichtsschreibung noch eingehend zu beschäftigen haben. Inzwischen genügen die Mitteilungen, die Ribbentrop in seiner Danziger Rede vom 24. Oktober 1939 darüber machte, um den Sinn und die Tragweite dieser Vorschläge zu einer endgültigen Verständigung zwischen beiden Nationen deutlich werden zu lassen.

Es ging da - wie wir sahen[41] - zunächst um den Vorschlag: **Ewige Unantastbarkeit der zwischen Deutschland und England liegenden Länder Holland, Belgien und Frankreich.** Damit sollten also diese Gebiete als Zone vitaler Interessen Englands anerkannt werden. Als englische oder europäische Sicherheitszone hatte bekanntlich England diese Gebiete seit langem und in verschiedenen Formen, unter verschiedenen Rechts- oder Friedensideologien beansprucht. Ehedem hieß es: das Land am Niederrhein müsse neutralisiert werden, da England nicht dulden könne, daß dort eine andere Großmacht sich festsetze. In Wirklichkeit betrachtete England das "neutrale" (oder neutralisierte) Gebiet am Niederrhein als Barriere mit wechselnder Front, an der entweder Holland, Preußen oder Frankreich, Belgien als englische Festlandsdegen Wache stehen.[42] Ehrlicher sprachen es Kitchener (1913) und Baldwin (1935) aus: daß "Englands Grenzen am Rhein liegen", d.h.: daß nicht nur das Land am Niederrhein, sondern auch Frankreich das natürliche Festlandsglacis Englands sein solle. Eden hatte es etwas unbedacht als das Gebiet bezeichnet, bezüglich dessen Englands Vertragstreue nicht in Zweifel gestellt werden dürfe...[43]

Der Vorschlag des Führers ließ vermutlich eine gewisse politischrechtliche Differenzierung dieses gesamten "Sicherheitsgebietes" zwischen England und Deutschland offen. Jedenfalls ergibt sich aus einer Reihe von Umständen, daß Deutschland mit einer dauernden Neutralitätspolitik der Niederrheinstaaten Belgien und Holland rechnete; und anderseits mit einer Art - verständigungspolitischem - Gleichgewicht zwischen dem englisch-französischen und deutsch-italienischen Einvernehmen.[44]

Ein weiterer Hauptpunkt des großen Verständigungsangebotes an England war: **Respektierung der britischen Interessen in der Welt durch Deutschland und Respektierung der deutschen Interessen in Osteuropa durch England.**

Das bedeutet eine Abgrenzung der beiderseitigen Interessen in einem doppelten Sinne. Einmal als räumliche Abgrenzung, nach der England die weite Welt draußen und insbesondere die Regionen seines Weltreiches als sein Interessengebiet behält, seinerseits aber die besonderen Interessengebiete Deutschlands an seinen Ostgrenzen anerkennt. Was hier unter Interessen,[45] Interessengebiet, "Lebensraum"[46] zu verstehen ist, ergibt sich aus den Verhandlungen über konkrete Tatbestände der Politik. In seiner Rede vom 1. April 1939 stellte Adolf Hitler die besonderen Interessen Englands an Palästina, die Deutschland anerkennt, den Interessen Deutschlands im böhmisch-mährischen Raum gegenüber, in dem England nichts zu suchen habe.

Die Interessenabgrenzung sollte zugleich aber eine solche zwischen den Interessen der Weltmacht England und der kontinentalen Großmacht Deutschland sein. Dieser Gedanke steht in deutlichem Zusammenhang mit dem Grundgedanken der deutsch-englischen Flottenkonvention, in der Deutschland den Vorrang der englischen Seemachtsinteressen anerkennt und seine eigenen Seestreitkräfte entsprechend begrenzt. England sollte dadurch unangreifbar zur See werden. Während Deutschland seine Lebensadern vom Weltmeer zurückzog und auf das Festland verlegte und damit unangreifbar für England werden sollte. Ein Gleichgewicht also zwischen See- und Landmacht.

Schließlich enthielt das große Verständigungsangebot des Führers an England noch den Vorschlag eines **Schutz- und Trutzbündnisses zwischen den beiden Ländern, wobei Deutschland auf englische Waffenhilfe verzichtete, seinerseits aber bereit war, sowohl seine Flotte als auch eine bestimmte Anzahl von Divisionen jederzeit England zur Sicherstellung seines Imperiums zur Verfügung zu stellen.**

Man hat das Angebot in verschiedener Hinsicht erstaunlich weitgehend gefunden. Vor der Weltöffentlichkeit anerkannte Hitler den hohen Wert des britischen Weltreiches für die gesamte menschliche Kultur und Wirtschaft (Rede vom 28. April 1939). In den vertraulichen Verhandlungen über die deutsch-englische Verständigung aber ging er soweit, den Einsatz der deutschen Macht für den Bestand des britischen Weltreiches anzubieten. Deutschland zeigte sich wahrlich bereit, sich diese Verständigung mit England etwas kosten zu lassen.

Man hat es auffällig gefunden, daß Deutschland hier einen einseitigen Garantie- und Beistandspakt anbot, unter Verzicht also auf die scheinbar naheliegende Wechselseitigkeit solcher Garantie- und Beistandverpflichtung. Es handelte sich hierbei nicht nur um ein besonderes Entgegenkommen Deutschlands, sondern zugleich auch um das Ergebnis einer mehrhundertjährigen Erfahrung mit englischen Bündnissen oder Garantiepakten.

Selbstverständliche Voraussetzung von Hitlers großem Verständigungsangebot an England war: daß beide Parteien sich als ebenbürtige Großmächte gegenübertraten; daß sich ein Verhältnis freundschaftlichen Vertrauens zwischen ihnen entwickelte. Und daß sich auch auf englischer Seite Männer großer Entschlüsse fänden.

England lehnte das große Verständigungsangebot Hitlers ab. Wie Ribbentrop (Rede vom 24. Oktober 1939) berichtet, hat man dem Führer bei jeder Gelegenheit sowohl durch den Mund verantwortlicher britischer Minister, Politiker, Parlamentarier als auch durch die Presse zu verstehen gegeben, **daß England auf die Freundschaft Deutschlands keinerlei Wert lege.** Die Ablehnung des deutschen Werbens um die englische Freundschaft geschah vielfach öffentlich. **Über das große Verständigungsangebot Hitlers aber und seine einzelnen Punkte erfuhr die englische Öffentlichkeit nichts.** Zukünftige Geschichtsforschung wird vermutlich des näheren aufzeigen können, in welchen Absichten und in welchem Grad die englische Regierung dem englischen Volke die Möglichkeiten einer deutsch-englischen Verständigung verschwieg.

Es ergab sich das sonderbare Mißverständnis im englischen Volk: als ob das nationalsozialistische Deutschland weit entfernt von Bereitschaft zur Verständigung mit England und anderen Mächten, vielmehr grundsätzlich "isolationistische Politik" betreibe, während England sich bemühe, Deutschland zur internationalen Zusammenarbeit heranzuziehen und auch Anregung zu einer Verständigung zwischen England und Deutschland gäbe. Es braucht hier nur an die freilich recht widersprechenden Kommentare erinnert zu werden, die die englische Presse zu den Berliner Reisen von Lansbury vom April und Halifax vom November 1937 gaben, und zu der englischen Einladung für den damaligen deutschen Außenminister v. Neurath nach London im Sommer 1937.

8

Zwischenvölkische Annäherung Deutschland-England

Die Annäherung: Diskussion über ihre Hemmungen

Obgleich England das große Verständigungsangebot Adolf Hitlers ablehnte und immer wieder zu verstehen gab, daß England auf die Freundschaft Deutschlands keinen Wert legte: "trotzdem hat der Führer seine Bemühungen (um Verständigung mit England), die ebenso seiner gefühlsmäßigen Einstellung als auch seiner völkischen Einsicht entsprangen, mit einer beispiellosen Zähigkeit und Hartnäckigkeit fortgesetzt..."[47] Jenes Verständigungsangebot schlug ein umfassendes Vertragswerk vor. Aber es ging Adolf Hitler um mehr als um einen Pakt der Verständigung. In seiner Rede vom 6. Oktober 1939 bekannte er: "Ich habe es geradezu als ein Ziel meines Lebens empfunden, die beiden Völker nicht nur verstandes-, sondern auch gefühlsmäßig einander näher zu bringen. Das deutsche Volk ist mir auf diesem Wege willig gefolgt." In seiner Rede vom 30. Januar 1937 heißt es: "Ich habe besonders oft dem englischen Volk und seiner Regierung versichert, wie sehr wir eine aufrichtige und herzliche Zusammenarbeit mit ihnen wünschen. Und zwar wir alle, das ganze deutsche Volk und nicht zuletzt ich selbst!"

Die deutsch-englische Verständigung sollte also eine solche **von Volk zu Volk** sein. Wenn in der letzteren Rede der deutsche Wille zur Zusammenarbeit besonders betont wird, so geschah das auch im Hinblick auf die sonderbaren Mißdeutungen: als wolle der Nationalsozialismus sich der Zusammenarbeit mit anderen Nationen entziehen und grundsätzlich "Isolierungspolitik" treiben.

Diesem Willen und dieser Zielsetzung des Führers entsprechen die vielfältigen deutschen Versuche, mit solchen Gruppen des englischen Volkes oder einzelnen maßgeblichen Persönlichkeiten in Fühlung zu kommen, die man für den Gedanken einer wirklichen und endgültigen deutsch-englischen Verständigung zu gewinnen hoffte. Das waren vor allem die Jugend, besonders die akademische Jugend, die ehemaligen Frontkämpfer, einsichtige Wissenschaftler und sonst Persönlichkeiten aller Parteien, die drüben in England öffentlich oder im Privatleben sich für eine Verständigung zwischen beiden Nationen ausgesprochen hatten.

So konnte denn eine Reihe deutscher Organisationen in den Dienst der deutsch-englischen Verständigung gestellt werden: die Hitler-Jugend, der Akademische Austauschdienst in Verbindung mit der Reichsstudentenführung ("Deutscher Kreis für internationale studentische Zusammenarbeit"), die Frontkämpferverbände. Im Jahre 1933 war der "Deutsch-Englische Kreis" von deutschen und englischen Teilnehmern an gemeinschaftlichen Jugendlagern gegründet worden. Im Dezember 1935 wurden als Schwesterorganisationen die Deutsch-Englische Gesellschaft und Anglo-German-Fellowship errichtet.[47a]

Bei den deutsch-englischen Jugendtreffen war in erster Linie an das wechselseitige und unbefangene Kennenlernen gedacht. Man veranstaltete deutsch-englische Jugendlager, Fahrten deutscher Gruppen nach England und englischer Gruppen nach Deutschland. Man knüpfte Verbindungen an mit englischen Jugendverbänden, Schulen und Universitäten. Man vermittelte Jugendaustausch, Sportfahrten, Briefwechsel zwischen deutscher und englischer Jugend, bereitete Austausch von Jungarbeitern vor.[48]

In Deutschland hatte man, bei den gewohnten Anschauungen von Soldatentum, seit Kriegsende erwartet, daß die alten Frontkämpfer einmal für Versöhnung zwischen den vormaligen Kriegsgegnern eintreten würden. In seiner Rede vom 7. März 1936 bemerkte Adolf Hitler: es habe bei Kriegsende einen Augenblick gegeben, da die Staatsmänner es in der Hand hatten, "durch einen einzigen Appell an die Vernunft und auch an das Herz der Soldaten der kämpfenden Millionen-Armeen der Völker eine brüderliche Verständigung einzuleiten." Der greise Heerführer Kluck hatte anläßlich des deutsch-amerikanischen Frontkämpfertreffens vom 3. Oktober 1932 den Ausspruch getan: "daß es friedvoller in der Welt aussähe, wenn die Versöhnlichkeit der Soldatenherzen etwas zu sagen hätte". Nach selbstverständlichen Regeln des soldatischen Taktes müßte hier freilich in der Annäherung zwischen den Weltkriegsgegnern der Siegerpartei der Vortritt gebühren. Es war den deutschen Frontkämpfern aus der Seele gesprochen, als am 1. Juni 1935 der Prinz von Wales vor der britischen Frontkämpfervereinigung "British Legion" erklärte: Keine Organisation sei geeigneter, den Deutschen die Hand der Freundschaft entgegenzustrecken, als die ehemaligen Frontkämpfer, die im Weltkrieg gegen sie gekämpft haben... Oder wenn Oberst Crossfield, Vorsitzender der British Legion erklärte, daß die Frontkämpfer die Achtung, die sie ihrem einstigen Gegner erhalten haben, nun ausbauen wollen zu einem ehrlichen und freundschaftlichen Verhältnis der Völker untereinander. In solchem Sinne wurde zunächst eine Abordnung der British Legion nach Deutschland gesandt, und kam es dann im Juli 1936 zu der Internationalen Frontkämpfertagung in Staffordshire und zu weiteren Frontkämpfertreffen, die für Deutschland eine gern benutzte Gelegenheit zur deutsch-englischen Verständigung wurden. In solchem Sinne war zunächst eine deutsche Frontkämpfergruppe unter Führung des Herzog von Koburg (Vetter des englischen Königs) nach England gesandt worden und führte noch im Jahre 1938 800 deutsche Frontkämpfer nach drüben.[49]

Während die Frontkämpfertreffen nach Soldatenart "das Politische beiseite" zu tun neigen, wurde die deutsch-englische Zusammenkunft von Studenten, sei es in größerem oder kleinerem Kreise, regelmäßig zur Arena politischer Diskussion. Solche Diskussionen aber pflegten sich um die Möglichkeiten, den Sinn und Wert der deutsch-englischen Verständigung zu drehen und vor allem die Hindernisse der Verständigung zwischen beiden Nationen zu erörtern. Und es zeigten sich bei diesen akademisch-politischen Diskussionen deutlich typisch deutsche oder englische Auffassungen, typische Argumente oder Argumentierung, wie sie auch sonst für das deutsch-englische Gespräch kennzeichnend sind, aber gerade unter Studenten besonders prägnant hervorzutreten pflegen.[50]

Von deutscher Seite ging man vielfach planmäßig daran, in solchen Aussprachen den Boden für die Verständigung zwischen beiden Nationen vorzubereiten oder die Hindernisse der deutsch-englischen Verständigung aufzuklären, in der Hoffnung, damit zu ihrer Beseitigung beizutragen. Auf englischer Seite fehlte es nicht an Verständnis für "Diskussions-Programme" nach parlamentarischer Art. Doch zeigte sich eine typische Neigung zu spöttischer Kritik an dem für pedantisch gehaltenen Ernst und dem systematischen Vorgehen, mit dem die Deutschen an eine solche Aussprache herangingen. Während man deutscherseits an dem "berühmten Diskussionshumor" der Engländer bemerkte, daß sich in solchem Nicht-ernst-nehmen-wollen der Dinge, das sich den Anschein der Überlegenheit gibt, vielmehr oft ein Ausweichen vor klaren Entscheidungen birgt.[51]

Im übrigen war in den letzten Jahren zu beobachten, daß bei den Engländern häufig dieser sonst gewohnte Diskussionshumor abhanden kam, vielmehr sich **eine eigentümliche Stimmung unüberlegener Gereiztheit, verärgerter Aggressivität gegen Deutschland und deutsche Art verbreitete. Aufmerksame Beobachter haben öfters festgestellt, daß die Engländer in den letzten Jahren vielfach statt jenes früheren Gleichmutes, der auf sicherem Überlegenheitsbewußtsein beruhte, eine sonderbare politische Empfindlichkeit zeigten.** Nicht nur im Falle wirklicher Mißachtung Englands - wie sie etwa im Abessinienkrieg oder im Fernen Osten zu registrieren war - sondern auch bei Handlungen oder Unterlassungen anderer Staaten, die gar nicht als Nichtachtung Englands gemeint waren, sondern ganz andere Motive hatten. Viele Engländer gewöhnten sich daran, den natürlichen Entwicklungsprozeß der inneren Festigung Deutschlands und der großdeutschen Einigung als eine Art Kränkung anzusehen, die England durch Deutschland zugefügt werde. Oftmals hat der hervorbrechende "antifaschistische Affekt" der Engländer eine deutsch-englische Diskussion zum Auffliegen gebracht, die in friedlicher Form begonnen hatte.

In den Kreisen der Intellektuellen und der englischen Hochschulen hatten sich nach 1933 Zentren der Gegnerschaft zum Dritten Reich gebildet. Die deutschen Akademiker aber, die zu den englischen Hochschulen kamen, fühlten sich im Dienst der deutsch-englischen Verständigung. Das führte zu typischen Diskussionssituationen. Während deutsche Redner in ihren Erörterungen den Grundgedanken der notwendigen Verständigung zwischen beiden Nationen festhielten, wurden auf englischer Seite die Stimmen der Ablehnung am deutlichsten vernehmbar.

Auf deutscher Seite war man geneigt, von deutsch-englischen Gemeinsamkeiten auszugehen - insbesondere von der Stammverwandtschaft beider Nationen, von der gemeinsamen Rasse und ihrer weltgeschichtlichen Sendung[52] - oder von der Schicksalsgemeinschaft Europas, dessen Welthegemonie wegen des europäischen Bruderkrieges von 1914 zerfiel, und dessen gegenwärtiger Kolonialbesitz von der Einigkeit Europas abhängt.[53] Man zeigte sich stets bereit, von der Anerkennung der englischen Eigenart auszugehen, ja, von der Anerkennung englischer Vorzüge - z. B. des englischen Gentleman-Ideals. - Auf englischer Seite zeigte man sich skeptisch gegenüber den von den Deutschen herausgestellten Gemeinsamkeiten: England sei keine europäische Macht... Die Neigung zur Kritik an der anderen Nation herrschte vor. So entwickelte sich fast regelmäßig eine zwischenvölkische Polemik, bei der die Engländer mit Vorwürfen gegen Deutschland oder als Kritiker Deutschlands begannen - mit typischen Argumenten die Politik des Dritten Reiches angriffen - während die Deutschen erst aus einer Verteidigungsstellung heraus zum Gegenangriff überzugehen pflegten.

Die in England verbreiteten Anschauungen über Deutschland stellten an sich schon einen Komplex von Vorwürfen gegen Deutschland dar: Deutschland bringe die Welt in fortwährende Unruhe und Kriegsgefahr. Denn es möchte statt der Verhandlungen von Staat zu Staat die Anwendung von Gewalt oder die Politik der "einseitigen Akte", die ohne Zustimmung der anderen Staaten (Englands) Änderungen in Europa vollziehe. Deutschland sei unersättlich in seinen Forderungen, unberechenbar in seiner Politik und feindlich gegen das, was die Grundlage der modernen Staatenwelt bilde: Demokratie, freie Wirtschaft und Welthandel. Deutschlands Aufrüstung und Isolierungspolitik bringe die Anarchie in die Welt... **In deutsch-englischen Diskussionen spitzten sich solche Vorwürfe vielfach zur These zu: Deutschland, der Weltfriedensstörer ... Und die Begründung dafür pflegte auf die Kriegsschuldthesen zum Weltkrieg zurückzugreifen und sich zur Polemik gegen den Nationalsozialismus zu entwickeln.**

Die deutschen Gesprächspartner pflegten auf die These vom unruhigen und kriegsgefährlichen Deutschland zunächst mit dem Hinweis auf Versailles als Wurzel allen Übels zu antworten und mit einer geschichtlichen Klarstellung der deutschen Revisionspolitik, die dieses Übel doch erst jahrelang vergeblich im gütlichen Verhandlungswege zu beseitigen suchte - um es dann freilich zuletzt auch ohne Zustimmung der Gegner abzustellen. Man bemühte sich, den Gesprächspartner darüber aufzuklären: wie sich aus dem wirtschaftlichen Wahnsinn von Versailles der Verfall der Weltwirtschaft entwickelte. Man suchte an die scharfe Kritik anzuknüpfen, die das Diktat von Versailles gerade von vielen aufrechten Engländern zwischen 1919 und 1933 erfahren hatte. Deutsche Gesprächspartner pflegten zunächst zu betonen, daß die heute lebende Generation der Jugend in England und Frankreich doch nicht mehr für den Weltkrieg und Versailles verantwortlich sei. Durch die aggressiven Thesen "Deutschland als Friedensstörer" aber pflegte die Diskussion eine beiderseits polemische Wendung zu nehmen und sich als Erneuerung und Fortsetzung des Kriegsschuldstreites von 1914/19 abzuspielen.

Ein Hauptargument der englischen Kritik war: Daß Deutschland sich in der Niederlage von 1918/19 und später als "schlechter Verlierer" benommen habe. Worauf dann die deutsche Antwort lauten mußte: daß solch Vorwurf doch *fair play* im Kriegsspiel voraussetzt, Deutschland aber gerade den begründeten Vorwurf gegen die Weltkriegsgegner erhob: daß sie am Kriegsende betrügerisch falsches Spiel getrieben - in der Kette von Wortbrüchen, in der sich Friedensverhandlungen und Friedensschluß vollzogen. Bei solchen Erörterungen pflegte sich vielfach eine eigentümliche Unkenntnis von der Geschichte des Versailler Friedens auch bei vermeintlichen Sachverständigen herauszustellen.[54]

Auf englischer Seite suchte man der Auseinandersetzung über die deutsch-englische Verständigung gern eine Wendung zu geben, die auf den Freiheitsgedanken hinführte, um dann die These zu verfechten: Als Haupthemmnis der Verständigung zwischen beiden Nationen sähe man den Mangel an politischer Freiheit in Deutschland an - Freiheit des Einzelnen, Freiheit der Presse, der Wissenschaft;[55] daß Deutschland seine "Minderheiten" der Freiheit beraube, durch seine Gewaltpolitik die Freiheit der Nachbarstaaten bedrohe... und so fort.

Solche Thesen riefen dann, neben der sachlichen Aufklärung, beim deutschen Diskussionsgegner gewisse typische Gegenthesen hervor. Man analysierte den englischen Freiheitsgedanken[56] als zweifelhafte Ideologie einer begüterten Oberschicht im englischen Volk - und konnte sich damit zugleich auf englische Sozialisten oder Gesellschaftskritiker berufen. Diese liberalistische Freiheitsideologie täuscht darüber hinweg, daß man in England noch vor der Lösung der sozialen Frage steht. Vom Standpunkt des Sozialismus gewinnt das liberalistische Freiheitsideal ein anderes Aussehen, das ihr Engländer auch noch kennenlernen werdet...

In solchen Zusammenhängen pflegte von deutscher Seite auf die sonderbaren Wandlungen des Liberalismus in letzter Zeit hingewiesen zu werden. Zum Liberalismus gehört doch der Fortschrittsgedanke, und es kränkt seine Gläubiger, daß die heutzutage offenbar hinter der Entwicklung zurückbleiben.

Adolf Hitler hat den Grundsatz aufgestellt: jedes Volk solle nach seiner Fasson selig werden.[57] Dieser Grundsatz erleichtert die Verständigung zwischen Nationen von verschiedenen Gemeinschaftsformen. Man sollte meinen, daß er gerade auch von liberalistischen Voraussetzungen als Basis der Verständigung akzeptiert würde. Es sei aber festzustellen, daß der Liberalismus, seitdem offenbar im Rückzug begriffen, auf sonderbare Weise intolerant und interventionssüchtig wird. Deutschland mische sich nicht in innere Angelegenheiten Englands ein; die englische Neigung aber zur Einmischung in innerdeutsche Angelegenheiten erschwere die Verständigung zwischen beiden Nationen...

Gegenüber jenen aggressiven Thesen der Engländer über die angeblichen Freiheitswidrigkeiten der deutschen Außenpolitik hat man von deutscher Seite immer wieder gesagt: Wie ist es nur möglich, daß ihr Engländer nicht "den Balken im eigenen Auge seht": die englische Unterdrückungspolitik in Irland, Indien, Palästina und so fort. Man analysierte das sonderbare zweierlei Maß der Engländer in der Beurteilung der eigenen und der fremden Politik, und die eigentümliche Gewohnheit der englischen Interessen- und Machtpolitik, sich in das täuschende Gewand der Humanität zu verkleiden. Englands Vorgeben, für die Freiheit und Unabhängigkeit der kleinen Völker einzutreten, werde doch heute in aller Welt als öffentlich durchschaute Maske Englands erörtert. Englands humanes Mitleid mit Unterdrückten - Armeniern, Juden, Abessiniern - sei erfahrungsgemäß durch realpolitische Interessen bedingt und wandelbar. Als im November 1918 die Polen die Macht in dem für sie geschaffenen Staat ergriffen, war eines der ersten politischen Geschehnisse das Judenpogrom im Südosten Polens, das vielen Tausenden von Juden das Leben kostete. Die Haltung der Westmächte gegenüber diesen Ereignissen blieb durch die Rücksicht auf den polnischen Bundesgenossen diktiert. Es wurden angelsächsische

Stimmen laut, die allen Ernstes diese Judenverfolgungen verständlich fanden, weil sie doch eigentlich als Deutschenverfolgungen gemeint seien...[58]

Deutsche Berichte über deutsch-englische Aussprachen in akademischen Kreisen beklagten sich immer wieder darüber, daß eine sachliche Auseinandersetzung hier erschwert werde durch den Hang der Engländer zur moralischen Schulmeisterei: durch die moralische Brille, mittels derer man drüben die Tatsachen des politischen Geschehens zu verfälschen neigt. Die Deutschen zeigten sich stets bereit, die geschichtliche Größe des britischen Weltreiches zu respektieren; nicht aber bereit, so wie es ein naiver Sendungsglaube der Engländer will: eine moralische Überlegenheit des englischen Volkes anzuerkennen, derentwegen die Vorsehung ihnen das Weltreich gegeben und sie zum Weltschiedsrichter in moralischen Dingen gemacht habe... Wo die moralische Schulmeisterei der Engländer aggressiv wurde, da pflegte sie eine Wendung der Diskussion zur Frage von der Heuchelei in der englischen Politik und dem Problem des *cant* hervorzurufen. Im übrigen hoben die deutschen Berichte über deutsch-englische Gespräche immer wieder die erstaunliche Unwissenheit der Engländer, ihre außenpolitischen Illusionen oder ihre falschen Informationen in politischen Dingen hervor, die eine sachliche Auseinandersetzung mit ihnen im Grundsätzlichen wie im Faktisch-Einzelnen erschwerten. So z. B. die Auseinandersetzung über die "österreichische Frage", an der man sich drüben ganz besonders interessiert zeigte: über die innere Entwicklung in Deutsch-Österreich und über das Selbstbestimmungsrecht dieses deutschen Volksteiles. In England hatte man im Februar-März 1938, auf Grund falsch informierender Berichterstattung, mit der unmittelbar bevorstehenden Restauration der Habsburger im "Land des österreichischen Menschen" gerechnet; und man war nun aufs äußerste überrascht über die Heimkehr Deutsch-Österreichs ins Reich, die sich im echten spontanen Volkswillen vollzog.[59]

Die Engländer neigten ihrerseits zu der Annahme, daß das deutsche Volk planmäßig zur Unkenntnis der Außenpolitik erzogen werde. Die

"German ignorance" in Dingen der Außenpolitik sei zurückzuführen auf die fehlende Pressefreiheit, und sie gefährde das Verhältnis Deutschlands zu den anderen Staaten, weil man sich in Deutschland keine rechte Vorstellung mache von den Widerständen, die die deutsche Außenpolitik bei den anderen Nationen hervorrufe... In der deutschen Erwiderung darauf pflegten die politischen Einflüsse analysiert zu werden, die sich in demokratischen Ländern hinter dem falschen Anschein einer "freien Presse" verbergen. Eine Hauptthese solcher Auseinandersetzungen blieb: daß die Presse demokratischer Länder leicht zur Völkerverhetzung mißbraucht wird und dieser Mißbrauch durch das sogenannte Recht der Pressefreiheit gedeckt zu werden pflegt.[60]

Um der irreführenden Berichterstattung entgegenzutreten, suchte man von deutscher Seite dem Gesprächsgegner Aufklärung über das Neuartige der politischen Entwicklung im Dritten Reich zu vermitteln. Zahlreiche Einladungen ergingen: in Deutschland mit eigenen Augen kennenzulernen, wie das Dritte Reich die soziale Frage zu lösen unternahm.

Es fehlte auch nicht an einsichtigen Engländern, die von solcher Einladung Gebrauch machten und, trotz aller politischen Gegensätze, sich doch bereit zeigten, erfahrungsgemäß über das nationalsozialistische Deutschland umzulernen. Mag hier die Deutschland-Reise Lloyd Georges im September 1936 erwähnt werden, auf Grund derer der ehemalige Premierminister dann drüben seine neugewonnenen Anschauungen über Deutschland bekanntgab, die die schlecht informierte Öffentlichkeit überraschten.[61] Oder etwa die Deutschland-Reise Lord Londonderrys im gleichen Jahre.[62] Nicht selten waren Engländer im Gespräch mit Deutschen geradezu überrascht darüber, wieviel wohlwollendes Verständnis für die weltpolitischen Schwierigkeiten Englands und weitgehend auch für die englische Aufrüstung sich in Deutschland zeigte. War es nicht fast erstaunlich, daß gewisse englische Saboteure der englischen Aufrüstung (Cripps u.a.) in Deutschland keineswegs auf Sympathien rechnen konnten (wie ehedem deutsche Gegner der deutschen Aufrüstung in England...).[63]

Überhaupt wäre hier festzustellen: **Es fehlte niemals an einsichtigen Engländern, die sich ernsthaft und ehrlich um die Verständigung zwischen Deutschland und England bemühten,** die sie als lebenswichtig für das britische Volk, das britische Reich erkannten. Viele unter ihnen hatten vollkommenes Verständnis für den Leidensweg des deutschen Volkes unter dem Diktat von Versailles und für den nationalsozialistischen Freiheitskampf. Einige wenige empfanden es als einen Flecken auf der Ehre der englischen Nation, daß die Sieger von Versailles es nicht verstanden hatten, einen *peace with honour* zu schließen, und betrachteten es als ihre Aufgabe, diese Schuld wieder gut zu machen. Andere, namentlich auch in der englischen Jugend, wünschten einen Strich unter die Vergangenheit zu ziehen und fortan Freundschaft und Zusammenarbeit mit Deutschland. Viele Engländer sahen mit Sorge auf die wachsende Deutschfeindlichkeit im eigenen Lande und auf jene politischen Kreise drüben, die eine Verständigung zwischen beiden Nationen zu hindern suchten...

Wir könnten diesen verschiedenartigen Verständigungswillen von Engländern mit einer Reihe von Namen belegen, müssen aber befürchten, daß ihnen diese Nennung heute eine Verfolgung wegen des Verbrechens der Verständigungsbereitschaft und der Deutschfreundlichkeit zuziehen würde. Doch blieben die Anhänger einer wirklichen Verständigung zwischen beiden Nationen auf der selbstverständlichen Grundlage der Gleichberechtigung immer nur eine kleine Gruppe oder Zahl. Es ist bezeichnend, daß die deutsche Werbearbeit für deutsch-englische Verständigung drüben oft auf Engländer traf, die sich bereitwillig für diese Aufgaben einsetzten, jedoch unter der Bedingung: nicht öffentlich genannt zu werden. Die Gegner Deutschlands oder der deutsch-englischen Verständigung blieben in einer wachsenden Majorität, maßgeblich für die englische Politik, und beherrschten die öffentliche Meinung. Ein wiederkehrender Refrain der deutschen Berichte über das deutsche Bemühen um Verständigung mit England war die Erinnerung an das Bismarckwort: "...aber die Leute wollen sich ja von uns nicht lieben lassen..." Bezeichnend ist, daß gerade auch unter englischen Pazifisten und Theologen die Anhänger einer deutschenglischen Verständigung als Ausnahme, die Gegner solcher Verständigung als Regel erscheinen.⁶⁴

Eine Reihe von Männern, die sich zeitweise für die deutsch-englische Verständigung eingesetzt hatten, schlossen sich dann doch wieder der wachsenden Front der Gegner Deutschlands an, vielfach mit dem Vorbehalt: daß sie nicht Gegner des deutschen Volkes seien, sondern nur der nationalsozialistischen Regierung. Wie denn überhaupt viele Engländer sich nur bereit zeigten zu einer Verständigung mit einem schwachen Deutschland, nicht mit einer deutschen Großmacht.

Andererseits wird eine Geschichte der deutsch-englischen Beziehungen zwischen 1918 und 1939 feststellen müssen: daß erst die beginnende Machtentfaltung des nationalsozialistischen Deutschland die politischen Engländer veranlaßte, sich ernstlich mit der deutsch-englischen Verständigung zu beschäftigen, die ihnen so lange uninteressant war, wie Deutschland in der großen Politik nicht als Macht zählte. Es ist für diese Geschichte der deutsch-englischen Beziehungen in verschiedener Hinsicht lehrreich, das englische Selbstgespräch über die "verpaßten Gelegenheiten" einer Verständigung mit Deutschland zu verfolgen.

9

Störungen und Widerstände: Letzte Verständigungsversuche

Adolf Hitlers Bemühungen um Verständigung mit England waren von Anbeginn auf ablehnende Haltung und vielfältige Widerstände in England getroffen. Hinzu kam, daß eine Kette geschichtlicher Ereignisse schicksalshaft störend eingriff. Künftige Geschichtsschreibung erst wird die Ursachenkette genauer klarstellen können, aus der wir hier nur einige Hauptfakten hervorheben.

In Eduard VIII. war am 21. Januar 1936 ein König auf den Thron des Britischen Reiches gekommen, der die Verständigung zwischen beiden Nationen als eine Hauptaufgabe der englischen Politik ansah, jedenfalls aber den englischen Fürsprechern eines Krieges gegen Deutschland entgegentrat, weil er einen Krieg zwischen beiden Völkern als politischen Wahnsinn ansah. Gewiß ist es kein Zufall, daß es gerade ein "sozialer König" war, der die Verständigung mit dem nationalsozialistischen Deutschland befürwortete. In seinem Eintreten für diese Verständigung wie auch für das Anpacken der sozialen Frage (Bloßstellen der Elendsviertel im Lande) traf er in den politisch maßgebenden Kreisen Englands auf Ablehnung. Seine erzwungene Abdankung am 10. Dezember 1936 bedeutete einen schweren Verlust für die deutsche Verständigungspolitik. Es ist öfters hervorgehoben worden, daß an dem

Sturz des Königs gerade auch deutschfeindliche Kräfte mitwirkten, die seine Verständigungspolitik gegenüber Deutschland ablehnten.

Inzwischen war es zum Abessinischen Krieg gekommen, bei dem es im Grunde um einen englisch-italienischen Konflikt ging. Die englische Regierung unternahm es in diesem Konflikt, den Völkerbund zur Bekämpfung Italiens einzusetzen. Das Experiment mit dem Sanktionskrieg wegen Friedensbruchs mißlang. Aber die Ideologie von der Bekämpfung des Krieges mit den Mitteln des Krieges half dazu, in der politischen Linken Englands, besonders auch bei den Pazifisten, für die englische Aufrüstung zu werben und eine "antifaschistische" Front zu gewinnen - in der dann mehr und mehr jene Kräfte in den Vordergrund traten, die einen Krieg mit Deutschland wollten oder für unvermeidlich hielten.

Und weiter. Seit England mehr und mehr in Gegensatz zu Italien geraten war, und gleichzeitig sich die deutsch-italienische Freundschaft anbahnte, hatte sich für Deutschland die gern ergriffene Möglichkeit gezeigt, zwischen England und Italien ähnlich zu vermitteln, wie es zeitweilig England zwischen Frankreich und Deutschland versucht hatte. Es bot sich Deutschland eben die Aufgabe: das Europäische Konzert der Mächte wieder zu errichten, die Adolf Hitler sich vorgenommen hatte. Da trat der Ausbruch des spanischen Krieges dazwischen, in dem England und Frankreich für Rotspanien, Deutschland und Italien für Nationalspanien Partei nahmen. Durch diese Entwicklung wurde nicht nur jene deutsche Mittleraufgabe gestört, sondern auch die deutschen Bemühungen um Verständigung mit England gefährdet. Der deutsch-englische Gegensatz in Spanien verstärkte die deutschfeindliche Strömung in England.

Über die ablehnende Haltung englischer Politiker gegenüber Deutschland oder die deutschfeindlichen Gruppen in England ist viel geredet und geschrieben worden. Lassen wir hier die weltanschaulichen oder moralischen Begründungen für die englische Wendung gegen Deutschland außer Betracht. Als England im Sommer 1939 um das Einkreisungsbündnis mit Sowjetrußland warb, da hat man drüben immer wieder betont: daß Gegensätze der Weltanschauung oder morali-scher Art kein Grund seien, Zusammenarbeit oder Bündnis abzulehnen, das politische Interessen erfordern. **Im Grunde ging es bei der gegneri-schen Haltung Englands gegenüber Deutschland darum: daß man in England den Wiederaufstieg des niedergesunkenen Deutschlands als für England gefährlich anzusehen sich gewöhnte.**

Als gefährlich für England auch dann, wenn das wieder erstarkende Deutschland sich verständigungsbereit zeigte und um die Freundschaft Englands warb. Während Adolf Hitler das große Verständigungsangebot an England machte, erklärte das englische Weißbuch vom März 1935 Deutschland als die gefährlichste Macht, welche England zur Aufrüstung nötige. Auch nach Abschluß der Flottenkonvention von 1935 fuhr England fort, Deutschland als seinen gefährlichen Gegner zu betrachten. Das nationalsozialistische Deutschland hatte sich zur Entwicklung als Kontinentalmacht entschieden, um einen Konflikt mit Englands Machtentfaltung zur See aus dem Wege zu gehen. Um die überseeische Empire-Politik Englands nicht zu stören, begann das erstarkende Deutschland seine wirtschaftlichen Lebensadern von dem Meere auf das Festland zu verlegen und demgemäß auf die Machtentfaltung zur See zu verzichten, die England als bedrohlich ansah. Aber England betrachtete diese Abkehr Deutschlands vom Meer als ihm nicht günstig, geschweige denn als deutsches Entgegenkommen, sondern im Gegenteil gerade als eine neuartige Gegnerschaft und Bedrohung Englands. Man hat drüben Deutschlands Rückzug vom Weltmeer vielfach geradezu als eine unfreundliche, Englands Seeherrschaft gefährdende Handlungsweise angesehen, weil damit Deutschland seine wirtschaftlichen Lebensadern dem möglichen Zugriff Englands entzog. Ein englischer Politiker sprach das in der offenherzigen Formel aus: An dem Tage, an dem eine Blockade gegen Deutschland unwirksam würde, sei die englische Flotte geschlagen, ohne zum Kampf herausgefordert zu sein.[65]

Letzthin beruht die Besorgnis Englands vor der "deutschen Gefahr" auf der Sicherheitskalkulation der traditionellen englischen Gleichgewichtspolitik. Diese Gleichgewichtspolitik aber sieht das Moment der Gefahr nicht eigentlich in einer feindseligen Angriffsdrohung des anderen Staates, sondern in der einfachen Tatsache, daß der andere stark an Macht ist.[66] Diese Gleichgewichtspolitik folgert: Wenn der andere Staat die Macht hat anzugreifen, muß man annehmen, daß er angreifen will.[67] Das ist das Argument der Gleichgewichtspolitik, auf Grund derer England von jeher den Machtzuwachs einer benachbarten Großmacht als Gefährdung Englands zu betrachten neigt, und vor allem die jeweils stärkste Festlandsmacht Europas als Gegner ansieht und bekämpft.[68] So galt das nach der Niederlage von 1918 wiedererstarkende Deutschland, das keinerlei Feindschaft gegen England hegte, vielmehr seine Freundschaft suchte, den Engländern als der natürliche Feind Englands.

Und nun traf der Wiederaufstieg Deutschlands überdies noch mit **einer inneren und äußeren Krisis des britischen Weltreiches** zusammen. Die Ereignisse der letzten Jahre - das Zurückweichen Englands vor Italien im abessinischen Konflikt, sein Zurückweichen vor Japan im Fernen Osten - hatten ein Sinken des britischen Prestiges bewirkt. So begann man in England wenigstens Deutschland gegenüber den starken Mann zu spielen. *"Stop the dictators"* wurde ein Hauptmotiv der politischen Gespräche in England, und als englische Drohung gegen Deutschland laut. Jahrelang hatte Deutschland sich bemüht, die notwendigen Revisionen des Versailler Diktates im Verhandlungswege zu erreichen, aber England hatte die deutschen Ansprüche und die deutschen Verständigungsvorschläge ausweichend behandelt oder abgelehnt. Als Deutschland nun die Revisionen ohne Zustimmung Englands zu vollziehen begann, da nahm man in England die Haltung des Protestes ein: England verlange für solche Aktionen der deutschen Politik Verhandlungen und Zustimmung Englands, "England könne nicht dulden...", und so ergab sich nun erst recht der politische Aspekt: als habe Hitler "die Engländer gezwungen, seine Lösungen europäischer Fragen anzunehmen". Der unaufhaltsame Entwicklungsprozeß der Revision in Mitteleuropa vollzog sich mit dem Anschein einer Blamage Englands, das hinter dem ehernen Gang der Geschichte mit wirkungslosen Protesten hinterdreinlief.

Das Bild der Deutschlandpolitik Englands 1936-39 erscheint eigentümlich widerspruchsvoll. Inwieweit kreuzten sich hier verschiedene politische Richtungen? Welchen Einfluß hatte hinter den politischen Kulissen die deutschfeindliche Bürokratie des Foreign Office und die Kriegspartei der Churchill, Duff Cooper, Eden? Inwiefern trieb die englische Regierung ein unehrliches Doppelspiel? Künftige Geschichtsforschung erst wird das von Grund auf klarstellen können.

Sicher ist, daß England während der letzten Jahre vor Kriegsausbruch sich in Wien, Prag, Warschau als Gegenspieler Deutschlands einschaltete und gleichzeitig den Ausbau der deutschen Wirtschaftsbeziehungen nach Südosteuropa zu stören suchte. Gleichwohl fehlte es nicht an politischen Stimmen in England, die für eine Verständigung mit Deutschland eintraten. England müsse sich entscheiden - erklärte Garwin im *Observer* Nov./Dez. 1937; England mache sich unnötig Feinde, verliere seine Freunde, die Zukunft des Empire hinge von der Verständigung mit Deutschland ab...[69] Hier und da zeigte sich sogar die Bereitschaft, sich die Verständigung mit Deutschland etwas kosten zu lassen - Rückgabe von deutschen Kolonien oder Teilen derselben oder ein Vielmilliardenkredit für Deutschland.[70] An Stelle des "Nazigegners" Eden hatte Chamberlain den Puritaner Halifax zur Regierung herangezogen, der als Anhänger einer Verständigung mit Deutschland galt. Der neue englische Botschafter Henderson betonte Anfang 1937 bei seinem Dienstantritt in Berlin die Stamm- und Artverwandtschaft beider Nationen. Er sprach wiederholt aus: England wünsche die See für sich, Deutschland könnte der europäische Kontinent überlassen bleiben (*Dokum. 1939*, Nr. 307 [Anm. 1]). Und man leugnete in öffentlichen Erklärungen die deutschfeindliche Politik Englands, die Deutschland vielerorts zu spüren bekam (Henderson 2. Juni 1937). Die Geschichtsschreibung dieses Krieges wird sich noch eingehend mit den

Chamberlain, Halifax, Henderson und der Entwicklung ihrer Charaktere zu befassen haben.

Allmählich erschließen sich die geschichtlichen Quellen über die Art, wie England in Wien, Prag und Warschau deutschfeindliche Politik trieb. Man suchte die Habsburg-Legitimisten zu stützen, um den Anschluß Deutschlands zu hintertreiben. Man riet dem Wiener Diktator Schuschnigg zur Restauration der Habsburger entgegen den Verständigungsabreden mit Adolf Hitler vom 11. November 1936 und vom 12. Februar 1939. Der Wortbruch Schuschniggs, begangen in dem Versuch eines falschen Schauspiels von Volksabstimmung in Österreich, brachte die bekannte Geschehenskette der großdeutschen Einigung und der daraus sich ergebenden Umgestaltung Europas in Bewegung. Die Lösung der österreichischen Frage hatte mit geschichtlicher Notwendigkeit das Aufrollen der tschechischen und polnischen Frage zur Folge. England schickte Runciman als angeblichen Vermittler in der tschechischen Frage nach Prag. Aus den Prager Archiven konnte später erst der eigentliche Zweck der Mission Runciman festgestellt werden: daß es England nicht auf Verhütung des Krieges ankam, sondern darauf, "sich in Mitteleuropa mehr als bisher zu engagieren" und Zeit zu gewinnen, da man noch ungenügend gerüstet sei...[71]

Erfahrene Beobachter der englischen Politik hatten die These ausgesprochen:[72] Nur auf dem Umweg über eine akute Weltkriegsgefahr könne sich eine deutsch-englische Verständigung entwickeln, d.h. werde England zu einer solchen bereit sein. In der tschechischen Krise vom September 1938 war diese weltgeschichtliche Möglichkeit eingetreten. Auf Frankreichs Initiative (Daladiers Anregung) kam es zu den Reisen Chamberlains nach Obersalzberg am 15. September und nach Godesberg am 22. September zur unmittelbaren Aussprache über die tschechische Frage mit Adolf Hitler. Auf Grund der Vermittlung Mussolinis trafen dann Hitler und Mussolini, Daladier und Chamberlain Ende September in München zusammen, um durch eine gemeinsame Regelung der tschecho-slowakischen Frage den Krieg zu verhüten. Es war eine Großmachtkonferenz, in der das Europäische

Konzert des 19. Jahrhunderts wieder zu entstehen schien - das, wie der englische Völkerrechtslehrer Westlake einst betonte, immer dann als internationale Ordnung und Ordnungsmacht auftrat, wenn eine Krisis Europa zur Einigung nötigte. Neben dem **Viermächteabkommen vom 29. September** wurde eine von Chamberlain entworfene gemeinsame Erklärung Hitler-Chamberlain veröffentlicht, in der die beiden Staatsmänner aussprachen:

> "Wir haben heute eine weitere Besprechung gehabt und sind uns in der Erkenntnis einig, daß die Frage der deutsch-englischen Beziehungen von allererster Bedeutung für beide Länder und für Europa ist.
> Wir sehen das gestern abend unterzeichnete Abkommen und das deutsch-englische Flottenabkommen als symbolisch für den Wunsch unserer beiden Völker an, niemals wieder gegeneinander Krieg zu führen.
> Wir sind entschlossen, auch andere Fragen, die unsere beiden Länder angehen, nach der Methode der Konsultation zu behandeln und uns weiter zu bemühen, etwaige Ursachen von Meinungsverschiedenheiten aus dem Wege zu räumen, um auf diese Weise zur Sicherung des Friedens Europas beizutragen."

Es ist langsam erst historisch deutlich geworden, daß sich hinter dieser Verständigungs-Erklärung neben Wünschen und Hoffnungen ein tiefes wechselseitiges Mißtrauen barg, und ganz verschiedenen Vorstellungen von ihrem Sinn und möglichen Friedenswert.

Für Deutschland ging es hier um ein englisches Bekenntnis zur Verständigung mit Deutschland, dessen Wert sich erst nach dem künftigen Verhalten Englands werde ermessen lassen. Es konnte der Anfang einer fortschreitenden Annäherung zwischen den beiden Nationen sein, oder nur ein politischer Waffenstillstand.

Zu einer wirklichen Verständigung beider Nationen konnte es nur kommen, wenn England sich dazu entschloß, dem Vorschlag Hitlers entsprechend die beiderseitigen Interessengebiete oder Lebensräume reinlich gegeneinander abzugrenzen. Würde England seine Interventionspolitik als raumfremde Macht im böhmisch-mährischen Raume, im Herzstück des deutschen Lebensraumes, aufgeben? Deutschland wünschte, daß es geschähe, damit aus einem bloßen politischen Waffenstillstand ein wirklicher Friede zwischen beiden Nationen werde...

Alsbald nach seiner Rückkehr von München erklärte Chamberlain im Unterhaus (3. Oktober) und anderswo: **Der drohende Krieg sei vermieden, eine Verständigung mit Hitler getroffen und nun... werde England aufrüsten.** Das mußte Deutschland befremden. Denn eine ehrliche Verständigung wäre doch vielmehr Grund dazu gewesen, nun zu einer Herabsetzung oder zu einem Stillstand der Rüstungen zu kommen. Man hätte erwarten können, daß England sich nun wieder um eine Rüstungsverständigung bemühte - zu welcher doch Hitler und Mussolini sich 1936/37 bereit erklärt hatten.

Und nun begann in England sogleich eine sich verschärfende Kritik an "München". Der aus dem Ministerium ausscheidende Duff Cooper betonte im Unterhaus (3. Oktober), daß Chamberlain die Verständigungserklärung vom 29. September ohne Zustimmung der anderen Regierungsmitglieder und der Dominions vollzogen habe. Im übrigen wurden politische Stimmen aus allen Parteien laut und dringlich: das Münchener Viermächteabkommen sei demütigend für England, eine unerträgliche Niederlage der englischen Politik, ein Verrat an den befreundeten (oder verbündeten) Tschechen. Im übrigen sei das von Chamberlain entworfene deutsch-englische Verständigungsdokument schon seinem Wortlaut nach eine völlig unverbindliche Erklärung, die dem Diktator keinerlei Verpflichtung auferlege. Auch rügte man den auffälligen Widerspruch zwischen der angeblichen Pazifikation Europas in München, die Chamberlains Anhänger ihm als Verdienst zuschrieben, und der englischen Aufrüstungserklärung durch den Mund Chamberlains...[73]

Wenige Tage nach "München", Anfang Oktober, setzte sofort in England ein heftiger Pressefeldzug gegen das nationalsozialisti-sche

Deutschland ein. Den Deutschen in England schlug eine Welle feindseliger Stimmung entgegen. Man begann sie als "Nazi-Spione" zu beschimpfen. Bezeichnende Zwischenfälle ereigneten sich, wie der Steinwurf gegen die Fensterscheiben vom Haus des Deutschen Akademischen Austauschdienstes am 1. November. Anfang Januar wurde die deutsche Auslandsorganisation aus England ausgewiesen... "Nie wieder München!" war das große Schlagwort der Politik geworden. Die Kriegspartei der Churchill, Duff Cooper, Eden nahm an Einfluß zu. Die englische Regierung duldete ihre Kriegs- und Deutschenhetze und deckte schließlich auch die öffentliche Beleidigung des Führers im Unterhaus. Man sprach in weiten Kreisen von dem unvermeidlichen oder notwendigen Krieg gegen Deutschland.

Es steht geschichtlich fest und ist von englischer Seite auch hervorgehoben worden, daß England im Herbst 1938 sich und seinen französischen Alliierten noch nicht für hinreichend gerüstet glaubte zu einem Krieg gegen Deutschland. So hatte die Kriegsverhütung zu Vieren damals in München für England vor allem den Zweck, aus dem schlecht verlaufenden Interventions-Abenteuer in Mitteleuropa einen diplomatischen Rückzug vorzunehmen. Es fragt sich (und die Geschichtsforschung wird darauf Antwort zu geben haben): Ob Chamberlain bei der Kriegsverhütung von München sich schon den späteren Krieg gegen Deutschland vorbehielt, auf den er dann seit März 1939 offen zusteuerte, und den England dann am 1. September 1939 erklärte? Oder ob der schwankende Staatsmann Chamberlain erst nach München unter den Einfluß der englischen Kriegspartei geriet? - der Kriegspartei, die inzwischen den Krieg gegen Deutschland schon vorbereitete, z. B. durch Kriegszielkarten von Deutschland für englische Flieger und in den Sabotageakten gegen deutsche Schiffe, [und die] in dem Komplott des Intelligence Service gegen das Leben Adolf Hitlers heimlich schon diesen Krieg begann.

Jedenfalls hatte Chamberlain einen Versuch machen wollen, durch die von ihm entworfene Verständigungserklärung vom 29. September 1938 Adolf Hitler dahin zu binden, daß er fortan große Politik nur noch mit Zustimmung Englands machte - also ein harmlos verklausuliertes *stop-the-dictator*. Während dem Führer bei jener gemeinsamen Erklärung eine solche weitreichende Bindung natürlich völlig fern lag, wie er in seiner Rede am 28. April 1939 ausführte. Inzwischen schritt der politische Entwicklungsprozeß im Raume der vormaligen Tschecho-Slowakei unaufhaltsam vorwärts. Die Slowaken, Ungarn und auch die Tschechen, die sich mit Recht von den Westmächten verraten fühlten, riefen Deutschland und Italien als Schiedsrichter an für die zwischen ihnen noch zu lösenden Fragen, unter Übergehen also der anderen Partner des Münchener Paktes. England schien diese Entwicklung hinzunehmen und also auch den weiteren Rückzug aus diesem mitteleuropäischen Raum zu vollziehen. Auch bei dem endgültigen Zerfall der Rest-Tschecho-Slowakei und der nun sich vollziehenden deutschen Lösung der tschechischen Frage schien England zuerst eine Haltung der Nichtintervention einzunehmen.[74]

In Deutschland hatte man seit Beginn des englischen Spiels in Prag und auch noch, als dann im Herbst in England die Deutschenfeindschaft gefährlich zu wachsen begann, in gewissem Grade gute Miene zum bösen Spiel gemacht. Man hielt an einer verständigungsfreundlichen Deutung von Chamberlains Politik in Presse und wissenschaftlicher Publizistik fest.[75] Man bemühte sich, mancherlei Äußerungen von Deutschenfeindschaft drüben zu übersehen. Die deutsche Presse schwieg selbst zu Ereignissen wie der Ausweisung der deutschen Auslandsorganisation aus England. Die englische Kriegspartei aber konnte und durfte nun nicht mehr öffentlich ignoriert werden. Adolf Hitler wies warnend auf das unheilvolle Wirken der englischen Kriegstreiber hin, denen die Regierung Englands zuzufallen drohte (Saarbrücker Rede vom 9. Oktober 1939).

Noch zwar durften sich in England trotz zunehmender Feindschaft gegen Deutschland vereinzelte Stimmen der politischen Vernunft vernehmen lassen. Recht offen bezeichnete Handelsminister Stanley im Februar 1939 Deutschland als "größten industriellen Rivalen Englands" und folgerte daraus die Nützlichkeit einer Ausfuhrverständigung zwischen den beiden Nationen. Es kam dann zu den deutsch-englischen Industrie-Besprechungen von Düsseldorf und einer gemeinsamen Erklärung der beiden Industriedelegationen vom 16. März für eine handelspolitische Verständigung. Diese Verständigungserklärung aber wurde alsbald in England öffentlich bekämpft, und die vorgesehenen weiteren Verhandlungen fanden nicht mehr statt.

Inzwischen hatte sich die englische Regierung zur Politik der offenen Gegnerschaft gegen Deutschland bekannt. **Chamberlain,** der noch eben (15. März) für Nichteinmischung zur tschecho-slowakischen Frage zu sprechen schien, **nahm nun die deutsche Lösung dieser Frage zum Anlaß einer Gegnerschaftserklärung gegen Deutschland** (Birmingham-Rede vom 16. März 1939), **dem er fortan Weltherrschaftsstreben und Vertrauensunwürdigkeit vorwarf. England begann öffentlich den erneuten Versuch einer Einkreisungspolitik gegen Deutschland.** Die weitere Entwicklung der Dinge ist bekannt. Der Ring der Bündnisse oder Garantieerklärungen, d.h. von Interventionsversprechen gegen Deutschland, den England nun zustande zu bringen sucht, hatte zunächst das offensichtliche Ziel, eine Koalition zur Verhinderung deutscher Revisionen an der deutschen Ostgrenze zu erreichen. Eine Hauptrolle aber in diesem Einkreisungsring war Polen zugedacht gemäß den Garantieerklärungen Englands vom 31. März und 6. April 1939. Durch sie überließ England es den Polen, jeden Versuch einer Revision bezüglich Danzigs und des Korridors und sogar schon das Unternehmen von Revisionsverhandlungen als Bedrohung der Unabhängigkeit Polens und als deutschen Angriff aufzufassen, gegen den England Beistand zu leisten versprach. **Es lief hinaus auf eine englische Blankovollmacht für Polen zur Entfesselung des englischen Koalitionskrieges gegen Deutschland** - wie namentlich die deutsche Aktenpublikation erwiesen hat.

Offensichtlich steuerte England auf eine kriegsmäßige Auseinandersetzung zu, bei der die polnische Frage Anlaß und Vorwand zum Kriege bieten sollte. Man begrüßte das provozierende *"Stop the dictator"* und erörterte öffentlich, daß Hitler nur die Wahl bleibe, gedemütigt vor Englands Machtgebot zurückzuweichen oder einen Krieg hinzunehmen, der mit der sicheren Unterwerfung Deutschlands endige.[76] Regierungsseitig zwar leugnete man gern, daß es bei diesem Bündnissystem um eine Einkreisung Deutschlands ging,[77] und daß die offensichtliche Kriegsvorbereitung[78] ein Zeichen des englischen Kriegswillens sei. In der internationalen Erörterung der kriegsgefährlichen Spannungen hielt man an dem bezeichnenden Begriff der Einkreisung fest: und man bezeichnete vielfach und treffend die Garantieerklärungen Englands (England-Frankreich) als Lunte an dem polnischen Pulverfaß, das den Kriegsbrand zwischen England und Deutschland entfachen sollte. Mit den Einzelheiten dieser englischen Kriegspolitik werden sich Geschichte und Rechtswissenschaft als Kriegsschuldforschung zu befassen haben.[79]

Deutschland antwortete auf die Einkreisungspolitik Englands und die politische Kriegsansage in den Garantieerklärungen Englands für Polen mit der Kündigung des deutsch-englischen Flottenabkommens (Deutsche Denkschrift vom 28. April 1939). **Denn dessen Voraussetzung war der Wille und die Überzeugung, daß zwischen beiden Nationen niemals mehr ein Krieg möglich sein würde... Die englische Einkreisungspolitik aber** - so erklärte die Denkschrift und stellte Adolf Hitler in seiner Reichstagsrede vom gleichen Tage fest - "**beweist die Meinung der englischen Regierung, daß, ganz gleich in welchen Konflikt Deutschland einmal verwickelt werden würde, Großbritannien stets gegen Deutschland Stellung nehmen müßte. Man sieht also dort den Krieg gegen Deutschland als etwas Selbstverständliches an...**" Chamberlain hatte erklärt, in Versicherungen Deutschlands kein Vertrauen setzen zu können. Darauf erwiderte Adolf Hitler nur, daß unter diesen Umständen weder ihm noch dem englischen Volk weiterhin eine Lage zuzumuten sei - nämlich das Vertragsverhältnis der Flottenkonvention - die nur unter Vertrauen denkbar sei... Die Aufkündigung der Flottenkonvention sei für Deutschland ein Gebot der Selbstachtung. Das heißt: der Führer gab in überlegener Weise den Vorwurf der Vertrauensunwürdigkeit nicht zurück.[80] Er erinnerte nur an den Vertrags- und Vertrauensbruch von Versailles. Und so konnte er denn gleichzeitig mit der Kündigung der Flottenkonvention sich bereit erklären zur etwaigen Wiederaufnahme der Verhandlungen für einen neuen Verständigungsvertrag über die Rüstungsbeschränkung. Sollte es zu einem solchen kommen: "dann würde sich niemand glücklicher schätzen als ich, um vielleicht doch noch zu einer klaren und eindeutigen Verständigung kommen zu können."

Im August des Jahres begann die Lunte am polnischen Pulverfaß zu brennen. Es war nun ein Versuch der Kriegsverhütung in letzter Stunde, wenn Adolf Hitler in der Aussprache mit dem englischen Botschafter vom 25. August **nochmals das große Verständigungsangebot an England wiederholte.** Die amtliche Aufzeichnung berichtet darüber:[81]

> Dem Führer habe immer an der deutsch-englischen Verständigung gelegen. Ein Krieg zwischen England und Deutschland könne im günstigsten Fall Deutschland einen Gewinn bringen, England aber überhaupt nicht.
>
> Der Führer erklärt, daß das deutsch-polnische Problem gelöst werden müsse und gelöst werden würde. Er ist aber bereit und entschlossen, nach der Lösung dieses Problems noch einmal an England mit einem großen umfassenden Angebot heranzutreten. Er ist ein Mann großer Entschlüsse und wird auch in diesem Fall zu einer großen Handlung fähig sein. Er bejaht das Britische Imperium und ist bereit, sich für dessen Bestand persönlich zu verpflichten und die Kraft des Deutschen Reiches dafür einzusetzen, wenn
>
> 1. seine kolonialen Forderungen, die begrenzt sind und auf friedlichem Wege ausgehandelt werden können, Erfüllung finden, wobei er hier zu einer weitesten Terminbestimmung bereit ist,
>
> 2. seine Verpflichtungen Italien gegenüber nicht tangiert werden, d.h. mit anderen Worten: Er fordert von England nicht die Preisgabe seiner französischen Verpflichtungen und könnte

sich seinerseits auch nicht von den italienischen Verpflichtungen entfernen.

3. Er wünscht ebenso den unverrückbaren Entschluß Deutschlands zu betonen, nie mehr mit Rußland in einen Konflikt einzutreten.

Der Führer ist bereit, dann mit England Abmachungen zu treffen, die, wie schon betont, nicht nur die Existenz des Britischen Weltreichs unter allen Umständen deutscherseits garantieren würden, sondern auch, wenn es nötig wäre, dem Britischen Reich die deutsche Hilfe sicherten, ganz gleich, wo immer eine derartige Hilfe erforderlich sein sollte. Der Führer würde dann auch bereit sein, eine vernünftige Begrenzung der Rüstungen zu akzeptieren, die der neuen politischen Lage entsprächen und wirtschaftlich tragbar wären. Endlich versichert der Führer erneut, daß er an den westlichen Problemen nicht interessiert sei und daß eine Grenzkorrektur im Westen außerhalb jeder Erwägung stehe; der mit Milliarden Kosten errichtete Westwall sei die endgültige Reichsgrenze nach Westen.

Da die englische Regierung zum Kriege entschlossen war, blieb auch dieser letzte Versuch Adolf Hitlers zu einer Verständigung mit England vergeblich. Auf den geschichtlichen Sachverhalt - das scheinbare Entgegenkommen in der englischen Note vom 28. August, versteckte Sabotage einer friedlichen Lösung der polnischen Frage, öffentliche Ablehnung von Mussolinis Vermittlungsversuch durch England - braucht hier nicht eingegangen zu werden.

Wichtig bleibt dies: **Gerade auch in den Erklärungen des Führers vom 25. August an England kam noch einmal zum Ausdruck, daß es ihm nicht nur um die Verständigung mit England ging, sondern um den Frieden zwischen den europäischen Großmächten und also um den Frieden Europas überhaupt.** Dem entsprechen dann nach Beendigung des polnischen Krieges seine Ausführungen in der Reichstagsrede vom 6. Oktober 1939 über die Möglichkeit eines Friedens mit den Westmächten. Nicht eigentlich als "Kriegsziel", sondern als konstantes Ziel der Außenpolitik Deutschlands, das auch in diesem Kriege festgehalten wird, erscheinen noch hier die deutsch-englische Verständigung und die europäische Sicherheit.

"Ich glaube auch heute noch" - so heißt es in dieser Führerrede, "daß es **eine wirkliche Befriedung in Europa und der Welt nur geben kann, wenn sich Deutschland und England verständigen.**" Es folgt dann der Entwurf eines Programms zur Arbeit für Frieden und Sicherung in Europa und für die kommende Friedenskonferenz - die aber nicht tätig werden soll "unter dem Dröhnen der Kanonen oder auch unter dem Druck mobilisierter Armeen".

Wie dann Deutschlands Gegner auch die Möglichkeit eines Verständigungsfriedens zerschlugen, gehört in ein anderes Kapitel der Weltgeschichte.

10

Adolf Hitlers Friedenspolitik

Die Bemühungen des Führers um eine Verständigung mit England, so sahen wir, entwickelten sich im Rahmen seiner Revisionspolitik seit 1933. Die Revisionspolitik aber, wie Adolf Hitlers Außenpolitik überhaupt, war in ihren Grundelementen eine Friedenspolitik. Die Versuche zur Verständigung mit England bildeten einen Teil und das Hauptstück seiner Friedenspolitik. Es genüge, hier an bekannte Tatsachen zu erinnern.

Die Außenpolitik des Führers ging aus von den Tatsachen des Völker- und Staatslebens, wie sie der Versailler Friedensvertrag vertragsbrüchig gestaltet hatte. Dieser Diktatvertrag schuf einen unerträglichen Unterschied zwischen den bevorrechtigten Nationen der Siegerpartei und den entwaffneten oder minderberechtigten Weltkriegsunterlegenen. Er hielt die Einteilung der Völker fest in angeblich friedfertig-tugendhafte und solche, die es nicht sind - so wie es einmal die völkerverhetzende Kriegspropaganda des Weltkrieges wollte. Dieser Diktatvertrag entehrte Deutschland, verbot ihm die nationale Selbstverteidigung; zerstückelte den deutschen Volkskörper. Er ließ den deutschen Lebens- und Wirkraum verkümmern, schuf künstliche Spannungen rings um Deutschland und errichtete namentlich an seinen Ostgrenzen künstliche Staatsgebilde, die die Aufgabe hatten, als Erbfeinde Deutschlands über seine Ohnmacht zu wachen. Dieses Diktat bewirkte in Mitteleuropa einen Dauerzustand, den einer seiner Urheber (Clemenceau) treffend als "Fortsetzung des Krieges mit anderen Mitteln" bezeichnete.

So war denn die Außenpolitik des Führers auf ein doppeltes Ziel gerichtet. Einerseits auf Revision des Versailler Diktates, als Wiedergutmachung des Unrechts von Versailles. Zugleich aber auf die Wiederherstellung eines wirklichen und gerechten Friedens in Europa - des Friedens also insbesondere mit den Gegnern des deutschen Revisionsanspruchs: mit den vormaligen Kriegsgegnern. Die Tatsachen dieser Revisions- und Friedenspolitik, ihre Erfolge wie die vergeblichen Friedensbemühungen, und die **Friedensopfer,** die Deutschland dabei vollzog oder anbot - das alles liegt heute im hellen Licht der Geschichte. **Es sei nur erinnert an den deutschen Verzicht auf Südtirol; an den Verzicht auf Elsaß-Lothringen; an die Anerkennung der Grenzen gegenüber Belgien, Jugoslawien; an den Nichtangriffsvertrag mit Dänemark; und an die deutschen Verzichte, die sich in alledem bergen** (nachzulesen im deutschen Weißbuch, *Dokum. 1939* [Anm. 1], Kap. 3). **Oder etwa an die Zurücknahme der deutschen Volksgruppen aus den baltischen Staaten. Und schließlich an den deutschen Vorschlag einer Regelung des Danzig-Korridor-Problems vom August 1939, der weitgehende deutsche Verzichte enthielt. Dem entsprechen die Elemente von Verzicht und Friedensopfer, zu denen Deutschland sich in seinen Bemühungen um Verständigung mit England bereit zeigte.**

Die Verständigungspolitik Adolf Hitlers galt in erster Linie den vormaligen Kriegsgegnern, andererseits den unmittelbaren Nachbarn Deutschlands. Zu beiden Kategorien von Mächten gehörte England. "Verständigungspolitik" im prägnanten Sinne des Begriffs bedeutet: Verständigung mit einem Gegner.[82] Wie sich der Führer um die moralische Abrüstung des Kriegshasses zwischen den vormaligen Weltkriegsgegnern bemühte, vor allem die Ideologien von Erbfeindschaft, Revanche zwischen Deutschland und Frankreich bekämpfte, ist bekannt.

Man kann die Verständigungspolitik des Führers rund um den deutschen Lebensraum geradezu als Politik der guten Nachbarschaft kennzeichnen. **Darüber hinaus aber ging die Reihe von Vorschlägen zur Organisation von Frieden, Sicherheit, Zusammenarbeit zwischen den Völkern (oder Staaten), die der Führer an die Weltöffentlichkeit machte - so namentlich das Friedensprogramm der dreizehn Punkte in der Rede vom 21. Mai 1935; der deutsche Friedensplan vom 7. und 31. März 1936; die acht Thesen zur Friedenspolitik vom 30. Januar 1937; und schließlich das Friedensangebot vom 6. Oktober 1939.** Diese deutschen Friedenspläne wandten sich in erster Linie an die Völkerwelt Europas. Darüber hinaus bemühte sich Deutschland um Frieden und Freundschaft auch mit den fernen Mächten, den "Neutralen" des Weltkrieges wie den vormaligen Weltkriegsgegnern.

Soweit die Tatsachen im Umriß. Eine systematische Darstellung, Analyse und Würdigung dieser Revisions- und Friedenspolitik Adolf Hitlers, und damit seiner Versuche zur Verständigung mit England, würde ein Eingehen auf das Grundsätzliche dieser Politik verlangen.

Es ist in aller Welt anerkannt: daß die überlegene Staatskunst des Führers eine Reihe kriegsgefährlicher "Fragen" löste, eine Reihe von Revisionen ohne Blutvergießen vollzog, die zuvor nach allgemeiner Annahme nicht ohne Krieg möglich schienen. "Friedliche Revision" also oder *"peaceful change"* im faktischen Sinne des Blutsparens. Ebenso wichtig aber ist der Gehalt dieser Revisions- und Verständigungspolitik an eigentlich rechtlichen Friedensgrundsätzen, der gerade an der Verknüpfung von Revisions- und Verständigungspolitik in der England-Politik Adolf Hitlers recht deutlich zum Ausdruck kommt.

Es braucht nur erinnert zu werden etwa an die Revisionsgeschichte der Versailler Bestimmungen über die Entwaffnung Deutschlands. Der Führer brachte hier - wie wir sahen - den deutschen Revisionsanspruch vor in der Form von gütlichen Vorschlägen zu einer vergleichsweisen Regelung. Sie wurden abgelehnt, und er beschränkte nun die vollzogene Revision jenes Entwaffnungs-Statutes freiwillig durch den vergleichsartigen Vorschlag der deutsch-englischen Flottenkonvention. **Es entspricht dies beides dem rechtlichen Grundsatz: daß der**

Selbsthilfe ein Güteangebot vorangehen soll.[83] Daß dem Vorschlag, den maritimen Lebensraum Englands und den kontinentalen Lebensraum Deutschlands gegeneinander abzugrenzen, der Grundsatz der Nichtintervention zugrunde liegt, der auch sonst ein Grundsatz von Adolf Hitlers Friedenspolitik ist,[84] erwähnten wir gleichfalls schon. Daß seine Bemühungen um die Verständigung mit England einen Anwendungsfall des Prinzips der "unmittelbaren Verständigung"[85] darstellen - ein Hauptgrundsatz seiner Friedenspolitik - ist öfters erörtert worden. Eingehende rechts- und friedenswissenschaftliche Analyse des Sachverhaltes der deutsch-englischen Verständigungspolitik und Würdigung der Friedenspolitik Adolf Hitlers[86] würde über den Rahmen unserer Betrachtungen hinausgehen.

Inzwischen ist nun der Kriegsschuldstreit zum Weltkrieg entbrannt, in dem die Möglichkeiten deutsch-englischer Verständigung und die Friedenspolitik des Führers überhaupt eine zentrale Rolle spielen, und also eine grundsätzliche Würdigung unter dem Gesichtspunkt der rechtlich-moralischen Wertmaßstäbe des Kriegsschuldstreites erforderlich wird. Es ergeben sich hier weitere Aufgaben der Kriegsschuld- und Kriegsursachenforschung oder der Rechts- und "Friedenswissenschaft", die für die künftige Neuordnung der Welt Urteil und Lehren der Geschichte festzustellen unternimmt.

* * *

11

Nachtrag vom Scriptorium: "Frieden mit England 1941"

Nachdem die vorliegende Schrift von Dr. Rogge bereits 1940 veröffentlicht wurde, kann sie keine Aussagen machen über die Art und Weise, wie Großbritannien auch **nach** diesem Zeitpunkt fortfuhr, die deutschen Friedensbestrebungen zu torpedieren - und dabei fand nur wenige Monate später **die wohl dramatischste deutsche Friedensouvertüre** und in diesem Zusammenhang auch **der infamste englische Querschuß** statt. Wir sprechen vom **Friedensflug von Hitlers Stellvertreter Rudolf Heß.**

Nach mehr als 60 Jahren geben nun allmählich sogar die Briten selbst zu, was es mit diesem Friedensflug tatsächlich auf sich hatte.

Nachfolgender Artikel erschien in Heft 1/2004 der Publikation *Anzeiger der Notverwaltung des Deutschen Ostens im Deutschen Reich*, S. 45-47. Wir drucken ihn hier ab als vielsagende Fortsetzung der vorangehenden Seiten:

"Frieden mit England 1941

Aus den 2003 vorgelegten Untersuchungen des **britischen Historikers Martin Allen** geht hervor, daß **die deutsche Reichsregierung** unter Adolf Hitler das Jahr 1940 über bis Mitte 1941 emsig bemüht war, mit England, das am 3. September 1939 Deutschland den Krieg erklärt hatte, **Frieden zu schließen.** So übermittelte der päpstliche Nuntius am 14. November 1940 dem britischen Botschafter in Lissabon, Sir Samuel Hoare, **ein umfassendes deutsches Friedensangebot** mit der Anmerkung, daß der Papst dieses unterstütze.

Darin bot Hitler an, die deutschen Truppen aus Norwegen, Holland, Belgien und Frankreich zurückzuziehen und die dort angerichteten Kriegsschäden wiedergutzumachen. Weiter sollte ein souveräner polnischer Staat entstehen. Und dazu eine allgemeine Verringerung der Rüstung, nach Abschaffung aller Angriffswaffen.

Wieviel Leid und Not wären der Bevölkerung ganz Europas erspart geblieben! Wäre nur Churchill in Verhandlungen eingetreten. Statt dessen unterschlug er das Angebot dem britischen Parlament und dem Volk.

Die deutschen Friedensbemühungen gipfelten in dem Flug des "Stellvertreters des Führers" Rudolf Heß, als Parlamentär am 10. Mai 1941 nach Schottland, wo er völkerrechtswidrig vom britischen Geheimdienst gefangen genommen wurde. Die Akten darüber werden von der britischen Regierung noch heute, mehr als 60 Jahre danach, unter Verschluß gehalten, derzeit bis 2017.

Das hat Martin Allen auf den Gedanken gebracht, aus den Akten des Britischen Außen- und Innenministeriums diese Vorgänge zu klären. Das Ergebnis seiner zwei Jahre währenden Forschungen hat er 2003 in einem Buch unter dem Titel *The Hitler-Heß Deception: British Intelligence's Best Kept Secret of the Second World War* vorgelegt. Erschienen bei Harper Collins, London. Die Übersetzung ins Deutsche trägt den Titel *Churchills Friedensfalle.*

Am 17. Dezember 2003 nun war im deutschen Fernsehprogramm n-tv ab 20:23 Uhr ein 15 Minuten langer Film über die Tätigkeit Martin Allens zu sehen.

Zunächst wird in historischen Aufnahmen ein Besuch von Rudolf Heß in den Messerschmitt-Werken in Augsburg gezeigt, wo er den

Umbau einer Me 110 vom Kampfflugzeug mit zwei Mann Besatzung zum Langstreckenflugzeug für den Piloten allein, überwachte. Er hat also seinen Flug sorgfältig vorbereitet.

Anschließend schildert Martin Allen die Furcht britischer Regierungskreise vor der deutschen Expansion. **Churchill entschied, nicht mit Deutschland zu verhandeln, sondern die deutsche Regierung mit Scheinverhandlungen hinzuhalten, um Zeit zu gewinnen.**

Mit diesen Scheinverhandlungen wurde der Geheimdienst für politische Kriegsführung S O 1 beauftragt. Er hatte der deutschen Regierung vorzugaukeln, daß es eine große Zahl englischer Politiker gäbe, die bereit wären, Churchill zu stürzen, um mit Deutschland Frieden zu schließen und um Deutschland freie Hand in Rußland zu geben.

Intern wandte sich Hughes Dalton, Minister für wirtschaftliche Kriegsführung, gegen diesen Plan, wegen der vielen Toten, die er kosten würde. Diese Haltung kostete ihm seinen Posten im Kabinett. - Martin Allen fand ein Dokument, in dem **Sir Robert Vansittart**, Unterstaatssekretär im britischen Außenministerium, klarstellt, daß *Deutschland* **niederzuwerfen sei, und nicht** *die Nazis,* **und wer das nicht begriffen habe, überhaupt nichts begriffen hätte. Weswegen die britische Regierung auch genug von den Friedensangeboten irgendwelcher Oppositioneller habe.**

Bis vor kurzem war umstritten, ob Heß mit Hitlers Wissen oder gar in dessen Auftrag geflogen war. Für Allen ist nun klar, daß er einen Auftrag Hitlers hatte, denn er hatte Hitler zwei Tage vor seinem Flug besucht, und Dokumente zur Verhandlung bei sich.

18 Tage nach dem Heß-Flug setzte die deutsche Luftwaffe drei Agenten in der Nähe ab. Sie sollten den britischen Außenminister Eden kidnappen, um letzte Klarheit in der Sache zu erreichen und um Heß frei zu pressen. Die drei wurden jedoch entdeckt, gefangen genommen und im Tower hingerichtet, nachdem sie sich geweigert hatten, für die Briten gegen Deutschland tätig zu werden.

Geprüft und für gut befunden wurden die Funde von Martin Allen durch die britischen Historiker Michael Stenton und Peter Padfield.

Soweit die Sendung von n-tv. Weitergehende Ausführungen sind den anfangs erwähnten Büchern zu entnehmen."

Hier nachgedruckt mit freundlicher Genehmigung des *Anzeigers der Notverwaltung des Deutschen Ostens im Deutschen Reich* (24361 Gr. Wittensee).

Scriptorium, im April 2004.

* * *

12

Anmerkungen

1. Nach *Völkischer Beobachter* vom 7. 10. 1939. Im nachfolgenden werden Äußerungen des Führers teils nach derselben Quelle zitiert, teils nach: "Kurzbericht", herausgegeben vom Deutsch. Akadem. Austauschdienst; *Die Reden Hitlers für Gleichberechtigung und Frieden*, 1934; Berber, *Locarno. Eine Dokumentensammlung*, 1936; *Dokumente zur Vorgeschichte des Krieges, 1939* (nachfolgd. abgekürzt: Dokum. 1939).

2. Darüber besteht heute *consensus sapientium* in der angelsächsischen, deutschen, holländischen usw. Geschichtswissenschaft. Vgl. etwa Japikse, *Europa und Bismarcks Friedenspolitik*. Herausgegeben vom Niederländischen Komitee zur Untersuchung der Ursachen des Weltkrieges, 1927.

3. Vgl. etwa die Bemerkung über englische Kolonialherrschaft in *Mein Kampf*, S. 747.

4. Bezeichnenderweise vermeidet die Darstellung im Text das Wort Gleichgewichtspolitik, das nur im Sachverzeichnis (England) erscheint.

5. Vgl. die realpolitischen Ausführungen in *Mein Kampf*, S. 689f.

6. Vgl. die Reden vom 20. Januar 1938, 20. Februar 1938, 30. Januar 1939, 6. Oktober 1939; Unterredung mit Ward Price 6. August 1934.

7. Vgl. die Äußerungen von Kerr und Lloyd George vom 11. 12. 1919, 14. 3., 25. 3. (Memorandum), 2. 4., 6. 5. 1919 im englischen Blaubuch *Papers respecting negotiations for an anglo-french pact,* 1924.

8. Clemenceau erwiderte darauf, England habe gut reden von Mäßigung im Siege, da es seine eigenen Kriegsziele: Vernichtung der deutschen Kriegsflotte, der deutschen Handelsflotte, Vernichtung des deutschen Welthandels zu 100% erreicht habe. Wenn England Deutschland beruhigen wolle, müsse es ihm Befriedigung seiner Wünsche auf kolonialem Gebiet, auf dem der Schiffahrt und der Ausdehnung des Handels anbieten. Franz. Memorandum vom 31. März 1919.

9. Lloyd George in seiner Unterredung mit Briand am 21. Dezember 1921: Das britische Volk habe kein großes Interesse an dem, was an der Ostgrenze Deutschlands geschähe. Es würde nicht geneigt sein, in Streitigkeiten hineingezogen zu werden, die bezüglich Polens, Danzigs oder Oberschlesiens entstehen könnten. Im Gegenteil, es bestehe eine große Abneigung, irgendwie in diese Fragen verwickelt zu werden. Das britische Volk halte die Völker in jenem Viertel Europas für unbeständig und leicht erregbar; sie könnten zu irgendeiner Zeit Streitigkeiten anfangen, und es dürfte dann schwer zu entwirren sein, wer bei diesem Streit Recht oder Unrecht hat. Er glaube daher nicht, daß sein Land bereit sein werde, irgendwelche Garantien einzugehen, die es in militärische Operationen irgendwelcher Art in jenem Teile der Welt hineinziehen könnte... In dem genannten Blaubuch Nr. 33.

10. Vgl. Rogge, *Nationale Friedenspolitik. Handbuch des Friedensproblems und seine Wissenschaft,* 1934, S. 611ff.

11. So etwa: Will. Harbutt Dawson, *Germany under the treaty*, 1933; *Daily Mirror*, 11. 9. 1933; Bischof von Birmingham Barnes 25. 6. 1934. Weitere Nachweise: Gärtner, *Zeugnisse der Wahrheit. Danzig und der Korridor im Urteil des Auslandes*, 1939.

12. Italien war in den Weltkrieg nicht als Gegner Deutschlands, sondern als Feind des Habsburger Vielvölkerstaates Österreich-Ungarn getreten. Ähnlich die Kriegsteilnahme Serbiens, Rumäniens.

13. Bezeichnend war die Unterhausrede Baldwins vom 28. November 1932, die darauf hinauslief, daß die Westmächte sich mit der Tatsache der begonnenen deutschen Nachrüstung abfinden und sie zum Gegenstand von Verhandlungen mit Deutschland machen sollten. Vgl. Frhr. v. Freytagh-Loringhoven, *Deutschlands Außenpolitik 1933 bis 1939*, 1939, S. 56f.

14. Vgl. dazu v. Freytagh-Loringhoven, a.a.O. (Anm. 13), S. 63f. Auch: Wehrmacht, Frieden und Völkerrecht, in *Deutsch. Jurist.-Ztg.* 1935, S. 387ff.

15. Mitgeteilt vom Reichsminister v. Ribbentrop in seiner Danziger Rede vom 24. Oktober 1939; vgl. v. Ribbentrop, *Die alleinige Kriegsschuld Englands*, 1939, S. 18ff.

16. Vgl. Memorandum der Westmächte vom 19. März 1936 (Berber, a.a.O. [Anm. 1], S. 334) über die Vereinbarung zwecks Zusammenarbeit der Generalstäbe. Wache, *System der Pakte*, 1938, S. 152. Vgl. auch die Bemerkung dazu im Friedensplan der deutschen Regierung vom 21. März 1936 (Berber, S. 383). Mit Bezug auf die Generalstabsbesprechungen England–Frankreich–Belgien tat der englische Außenminister Eden die Bemerkung: England könne es sich nicht leisten und nicht dulden, daß irgendwelche Zweifel an der Erfüllung solcher englischen Beistandsverpflichtungen gesetzt würden, welche die Unabhängigkeit

und Unversehrtheit von solchen Ländern berühren, die England als lebenswichtig für sein Reich ansähe... "Nach diesen Worten (lag) wegen des Problems der Vertragstreue eine deutsche Rückfrage zu dem Vorschlag eines Ersatz-Locarno-Vertrages nahe: Inwieweit England die Unabhängigkeit und Unversehrtheit Deutschlands als lebenswichtig für England ansieht." *Europ. Rev.* 1936, July, S. 582. Vgl. Rogge, *Kollektivsicherheit, Bündnispolitik, Völkerbund,* 1937, S. 116f., 300.

17. Für Deutschland lag die Erinnerung daran nahe, daß England - nach seinen eigenen Aktenpublikationen zum Weltkrieg Bd. 8, II Nr. 311 - in der Vorweltkriegszeit (1907) wegen einer Verletzung der belgischen Neutralität nur marschieren wollte, wenn es um einen deutschen Einmarsch nach Belgien ging, nicht im Falle eines französischen Einmarsches, der die von England garantierte Neutralität Belgiens verletzte.

18. Rückschauend auf den zerfallenen Locarno-Vertrag erklärte der belgische Außenminister Spaak am 29. April 1937: Belgien hätte einmal die "kühnen Verpflichtungen" des Locarno-Vertrages übernehmen können, weil Deutschland abgerüstet war usw. und es damals die entmilitarisierte Rheinzone gab... Es war das die "Kühnheit" eines risikolosen Koalitionskrieges Frankreich-England-Belgien gegen das entwaffnete Deutschland, an die man dachte. Die Möglichkeit einer vertragsgerechten militärischen Beistandsleistung für Deutschland im Falle eines französischen Angriffs blieb in der realen Kalkulation des Kriegsfalles ausgeschlossen. Vgl. "Das deutsch-belgische Friedenswerk vom 13. 10. 1937," im *Geist der Zeit,* 1938, S. 46ff., 49.

19. Bezeichnend dafür und für die groteske Fehlbeurteilung des nationalsozialistischen Deutschlands und der Möglichkeiten zwischen Deutschland und England ist die Diskussion im Royal Institute of International Affairs: *"Germany and the Rhineland,"* April 1936. Dazu vergleiche man die Warnung vor einer Unterschätzung des

nationalsozialistischen Deutschlands bei Rothermere, *Warnungen und Prophezeiungen,* 1939, S. 11ff.

20. So in der Saarbrücker Rede vom 9. Okt. 1938.

21. Wiedergabe der Unterredung in Berber, a.a.O. (Anm. 1), S. 185ff. Zu beachten bleibt: Wenn *Mein Kampf* von "Frankreich als unerbittlicher Todfeind Deutschlands" spricht, so ist dabei wesentlich an eine Feindschaft Frankreichs gegen Deutschland, nicht an eine Feindschaft Deutschlands gegen Frankreich gedacht. So ganz deutlich S. 699.

22. Es wird eine bedeutsame Aufgabe der Geschichtsforschung sein, diesen Tatbestand von Grund auf zu klären.

23. Vgl. *Dokum. 1939,* a.a.O. (Anm. 1), Kap. 2.

24. Viscount Rothermere, *Warnungen,* a.a.O. (Anm. 19), S. 14f., 99.

25. Quellenzusammenstellung in: Schwendemann, *Abrüstung und Sicherheit. Handbuch der Sicherheitsfrage und der Abrüstungskonferenz,* Bd. 1 u. 2 (1933 u. 35). Freund, *Weltgeschichte in Dokumenten,* Bd. 1, 1936. Marq. of Londonderry, *Ourselves and Germany,* 1938. Vgl. auch die Darstellung bei v. Freytagh-Loringhoven, a.a.O. (Anm. 13).

26. Es war u. a. vorgesehen: daß Frankreich, von seinen Reserven abgesehen, ein doppelt so starkes Heer wie Deutschland erhalten sollte; Polen mit weniger als der Hälfte der Einwohnerzahl wie Deutschland sollte dieselbe Truppenstärke wie Deutschland zugebilligt erhalten; die Tschecho-Slowakei mit weniger als einem Viertel der deutschen Volkszahl sollte die Hälfte der deutschen Ziffer erhalten usw. Frankreich sollte 500 Flugzeuge, Polen 200, die Kleine Entente 550, die drei baltischen Staaten je 30 besitzen, Deutschland aber keines. Im übrigen

vgl. Schwendemann, a.a.O. (Anm. 25), Bd. 2, S. 60ff., v. Freytagh-Loringhoven, a.a.O. (Anm. 13), S. 16ff.

27. *Die Reden Hitlers als Kanzler,* 1939, S. 59.

28. So insbesondere in der Rundfunkrede v. 14. Okt. 1933, und Reden v. 24. Okt. u. 10. Nov. 1933: "Die Sicherheit Deutschlands ist kein geringeres Recht als die Sicherheit anderer Nationen..." "Das deutsche Volk und die deutsche Regierung haben überhaupt nicht Waffen, sondern Gleichberechtigung gefordert. Wenn die Welt beschließt, daß sämtliche Waffen bis zum letzten Maschinengewehr beseitigt werden: wir sind bereit, sofort einer solchen Konvention beizutreten. Wenn die Welt beschließt, daß bestimmte Waffen zu vernichten sind: wir sind bereit, auf sie von vornherein zu verzichten. Wenn aber die Welt bestimmte Waffen jedem Volk zubilligt, sind wir nicht bereit, uns grundsätzlich als minderberechtigtes Volk davon ausschließen zu lassen." (14. 10. [1933]) "Wir sind gern bereit, an jeder Konferenz mitzuwirken, wir sind gern bereit, an jedem internationalen Vertrag mitzuwirken - aber immer nur als Gleichberechtigte." (10. 11. [1933]).

29. So die rückblickende Formulierung in Hitlers Rede vom 30. Januar 1937.

30. Vgl. "Englands Aufrüstung als Friedensproblem," *Geist der Zeit,* 1937, S. 297ff.

31. Hinzu kam, daß Frankreich nach diesem Plan neben den 200.000 Mann des Mutterlandes noch ein Kolonialheer von 200.000 zugesprochen wurde, das doch im Kriegsfalle sogleich auf den europäischen Kriegsschauplatz transportiert worden wäre.

32. Vgl. den Text in Berber, *Locarno,* a.a.O. (Anm. 1), S. 230.

33. Sogenannter Friedensplan, ebenda, S. 379ff.

34. Dazu vgl. die Mitteilungen v. Ribbentrops in seiner Danziger Rede vom 24. 10. 1939.

35. Deutschland weiß, daß es nicht das Vermögen hat, um sich auf ein langdauerndes Wettrüsten mit den reichen Nationen England, USA einzulassen. Doch wäre es recht wohl in der Lage gewesen, seine Seestreitkräfte weit höher als auf nur 35% der englischen zu bringen. Deutschland habe - so betonte Hitler - auf eine solche Erhöhung der Seestreitkräfte verzichtet, nicht etwa deshalb, weil es nicht mehr würde bauen können, sondern ausschließlich aus dem Grunde, zwischen beiden Völkern einen dauerhaften Frieden zu sichern. Reden vom 12. und 26. Sept. 1938.

36. Vgl. Freund. a.a.O. (Anm. 25), Bd. 3, S. 280ff.; v. Freytagh-Loringhoven, a.a.O. (Anm. 13), S. 103ff.; Nauticus, 1939, S. 121, 124ff.

37. Siehe insbesondere Hitlers Rede vom 21. Mai 1935, 9. Punkt der 13 Punkte. - Beitrittserklärung vollzogen 23. 11. 1936.

38. Als einen außerordentlich wichtigen Beitrag zur künftigen Seerüstungsbeschränkung - Schreiben Hoare an Ribbentrop vom 18. Juni 1935; daß es auch für andere Seemächte vorteilhaft sein würde - Hoare im Unterhaus 11. Juli 1935.

39. Ähnlich Hitlers Rede vom 12. Sept. 1938: Inhalt dieses Vertrages war die Erwartung, mit dem Vertragspartner England "niemals mehr die Waffen kreuzen zu müssen". Rede v. 26. Sept. 1938: "Ein solches Abkommen ist nur dann moralisch berechtigt, wenn beide Völker sich in die Hand versprechen, niemals wieder miteinander Krieg führen zu wollen. Deutschland hat diesen Willen. Wir alle wollen hoffen, daß im englischen Volk diejenigen die Überhand bekommen, die des gleichen

Willens sind!" Rede v. 1. 4. 1939: "Das Flottenabkommen basiert auf dem heißen Wunsch, den wir alle besitzen, nie in einem Krieg gegen England marschieren zu müssen." Rede v. 28. April 1939: "Diese Begrenzung der deutschen Seerüstung setzt allerdings eines voraus: nämlich den Willen und die Überzeugung, daß zwischen England und Deutschland niemals mehr ein Krieg möglich sein würde." Deutsches Memorandum an England vom 29. April 1939: "Deutschland schloß das Abkommen auf Grund der festen Überzeugung, daß für alle Zeiten die Wiederkehr eines kriegerischen Konfliktes zwischen Deutschland und Großbritannien ausgeschlossen sei."

40. Und Simon betonte in seiner Unterhausrede v. 5. Sept. 1938 das Entgegenkommen, das Hitler mit der Flottenkonvention gegenüber England bezeigt habe.

41. Vgl. oben (Schluß des Kapitels "Die Mission Ribbentrop").

42. Anstelle der geheimen Festungsverträge von 1818 und 1831 über das englisch-preußische Besatzungsrecht an belgischen Festungen traten 1906 die geheimen Conventions Anglo-Belges, die das neutralisierte Belgien hintenherum zu einem englischen Calais machten.

43. Vgl. oben Anm. 16.

44. Siehe das Verständigungsangebot Hitlers an England vom 25. August 1939.

45. Hitlers Rede vom 20. Febr. 1938: "Die Interessen Englands sind sicherlich sehr große, und sie werden von uns als solche auch anerkannt." Rede vom 12. Sept. 1938: "Wir verstehen es, wenn England oder Frankreich ihre Interessen in der ganzen Welt vertreten..." Diesen weltweiten Interessen Englands wird hier das deutsche Interesse am Selbstbestimmungsrecht von 3½ Millionen unterdrückter

Sudetendeutscher gegenübergestellt. In seiner Rede vom 6. Okt. 1939 rückblickend: "Niemals und an keiner Stelle bin ich wirklich den britischen Interessen entgegengetreten. Leider mußte ich mich nur zu oft britischer Eingriffe in deutsche Interessen erwehren."

46. Vgl. die Beiträge in: *Deutscher Lebensraum, Blätter für deutsche Raum- u. Bevölkerungspolitik,* 1933, Nr. 1. Boehm, *Volkskunde,* 1937, § 2, über Volkswirkungsraum. Vohwinkel, "Zum Begriff Lebensraum," in: *Zeitschr. f. Geopolitik,* 1939, S. 638ff.

47. v. Ribbentrop in Danziger Rede vom 24. Okt. 1939.

47a. Ihre Aufgabe sollte es sein, freundschaftliche Beziehungen zwischen führenden Persönlichkeiten des politischen, wirtschaftlichen und kulturellen Lebens beider Nationen zu pflegen, und Förderung der Kenntnis Deutschlands in England, Englands in Deutschland. Ihre Tätigkeit umfaßte Empfänge, Vorträge, Vorbereitung und Durchführung von englischen Besichtigungsfahrten in Deutschland - wie der German Roads Delegation 1938 u.a.; überhaupt Vermittlung der Besichtigung von sozialen und wirtschaftlichen Einrichtungen des Reiches. Die DEG., für die nur ein beschränkter Kreis von Teilnehmern vorgesehen war, umfaßte neben der Zentralstelle Berlin noch 8 Zweigstellen im Reich.

48. So wurden im Sommerhalbjahr 1937 nach einem Bericht des Englandreferenten der HJ. 8 deutsch-englische Jugendtreffen in England und Deutschland abgehalten. Daneben zwei deutsch-englische Segelfliegerlager. Auch in den Krisenjahren 1938 und 1939 wurden die Jugendtreffen fortgeführt. Noch in der Zeit vom 30. 7. bis 13. 8. 1939 fand in Sankt Goar ein fröhliches deutsch-englisches Gemeinschaftslager statt. Vgl. auch: *Hitlerjugend sieht England,* 1938. Die Reichsstudentenführung veranstaltete u.a.: Deutsch-englische Skilager 1934 (zusammen mit RJF.) und 1935: Beteiligung an englischen

Arbeitslagern 1934, 1936; Anglo-German Meeting, Oxford, 1938. Vortragsreise deutscher Anglisten nach England, 1937. Über solchen Aufgabenkreis hinaus vermittelte die Zweigstelle London des Deutsch. Akademischen Austauschdienstes auch Austausch von Lehrern und Studenten, insbesondere auch solcher des Bergbaufaches und der Theologie, Vortragsreisen deutscher Schriftsteller, Konzertreisen, gastliche Teilnahme an deutschen Arbeitsdienstlagern, knüpfte Beziehungen zu englischen Bibliotheken an u.a. Für 1939 war von dieser Stelle eine Besuchsreise der deutschen Austauschstudenten durch die britischen Universitäten beabsichtigt. Die lokalen Studentenschaften erklärten sich Anfang dieses Jahres auch bereit, den Besuch zu empfangen, doch ohne Gewähr für Protestdemonstrationen und Zwischenfälle.

49. Vgl. auch *Deutsch-englische Hefte,* 1939, I: Zusammen mit dem Reichskyffhäuserbund begrüßte die deutsch-englische Gesellschaft im Jahre 1939 britische Frontkämpfer von der Isle of Wight und eine Gruppe von Söhnen britischer Frontkämpfer. Rogge, "Soldat und Friedensbewegung," *Geist der Zeit,* 1935, S. 680ff., 757ff. - Auch die Kriegsgräber-Pflege gehört in diesen Zusammenhang. Vgl.: "Ein Kriegs- und Friedensdenkmal in Oxford," ebenda, 1937, S. 618ff. *Dokum. 1939,* a.a.O. (Anm. 1), Nr. 328.

50. Über solche Diskussionen im kleinen oder größeren Kreise liegen mancherlei nicht veröffentlichte Berichte, Aufzeichnungen und Studien vor. Zu größeren Veranstaltungen, wie der Deutsch-englischen Aussprache in Oxford 11.-16. Juni 1937, war selten Gelegenheit. Vgl. *Rebuilding Peace in Europe,* v. III: Report of an Anglo-German Conference, organized by International Student Service, Genf, 1937. Bericht Sonnenhol in: *Geist der Zeit,* 1937, S. 562f. Hemmnisse deutsch-englischer Verständigung. Anmerkung zur englisch-deutschen Aussprache d. Internationalen Studentenwerkes Oxford 12.-15. 6. 1937, ebenda, S. 612ff.

51. Vgl. Schmidt, Englische Einstellung zum Humor "Denken verboten", in: *Geist der Zeit,* 1939, S. 701ff.

52. Während noch um die Jahrhundertwende die Solidarität der weißen Rasse und die besondere rassische Verwandtschaft zwischen dem englischen und dem deutschen Volke ein geläufiger Anknüpfungspunkt zwischen Deutschen und Engländern war, begann man in England seit dem Weltkrieg das Rassenproblem als einen wunden Punkt des britischen Empire anzusehen. An den Trinkspruch des englischen Admirals von 1913: "The two white nations" ließ man sich nur ungern erinnern. - Vgl. Drascher, *Die Vorherrschaft der weißen Rasse,* 1936.

53. Vgl etwa: Rein, in: *Rebuilding peace in Europe,* III, S. 4f. Rogge, *Das Revisionsproblem,* 1937, §§ 24f. Jahrreiss, "Sicherheit!" in: *Köln. Zeitung,* 15. 4. 1939. H. Grimm, "Englische Begegnung," in: *Das innere Reich,* Jan. 1935. Ders., *Wie ich England sehe. Englische Rede,* 1936.

54. Es ist bezeichnend, daß die Lansing-Note vom 5. November 1918, aus der sich der Hauptmaßstab zur Beurteilung jener Kette von Vertragsbrüchen ergibt, drüben vielfach ignoriert wird. In *Guarantees of peace / Messages and addresses to the Congress and the people, Jan. 31, 1918 to Dec. 2nd 1918, together with the Peace Notes to Germany etc.,* 1919, ist sie nicht aufgeführt. (Hinweis von Wolgast.)

55. Die Abordnung deutscher Professoren und Studenten, die auf wiederholte Einladung vom englischen Kreis des Weltstudentenwerkes Juni 1937 nach Oxford kam, um über den Neubau der internationalen Friedensordnung zu diskutieren - auf Grund vereinbarten Diskussionsprogramms: über Themen wie Sicherheit, Rüstung und Weltwirtschaft, Kolonialfrage, Nationalitätenfrage - wurde zum Empfang von Rektor Fisher des New College mit einer Rede begrüßt, deren Hauptthema war: Ehedem habe die englische Universität großen Respekt vor der deutschen Wissenschaft gehabt (Göttingen, das Mecca

der Oxfordstudenten). Jetzt aber sei der Mangel politischer Freiheit, die mangelnde Freiheit der Wissenschaft in Deutschland das Haupthemmnis der englisch-deutschen Verständigung... Sein Urteil über die Arbeit der deutschen Universität lief darauf hinaus: Ich kenne die nationalsozialistische Wissenschaft nicht, aber ich mißbillige sie...

56. Vgl. Galinsky, "Die Freiheitsideologie im Großbritannien der Gegenwart," *Geist der Zeit*, 1937, S. 857ff.

57. Rede vom 21. Mai 1935.

58. Wegen der angeblichen Deutschen-Freundschaft der polnischen Juden und ihrer "deutschen Sprache", des Jiddisch. Vgl. Hudson C. House-Seymour, *What really happened at Paris*, S. 216; "Judenschutzinterventionen in Polen," *Geist der Zeit*, 1938, S. 418ff.

59. Die herrschende Meinung der Engländer blieb ein Nicht-Sehen-Wollen der Wirklichkeit: Hitler habe das österreichische Volk vergewaltigt... Man übersah geflissentlich, was einzelne unparteiische Berichterstatter im März 1938 aus eigener Beobachtung meldeten: Hitler sei überall in Österreich mit Begeisterung begrüßt worden - sei als "Eroberer der Herzen" gekommen *(Daily Mail, Sunday Dispatch)*; sei in Wien als Befreier begrüßt worden *(Observer)*; in Wien "keine Anzeichen dafür, daß sich ein Volk einem fremden Joch unterwerfe" *(Times)*... "Hätte nicht angesichts dieser Tatsachen das Urteil Englands einsichtsvoller sein können?" meinte Garvin, 20. 3. 1938.

60. Vgl. Dietrich, *Weltpresse ohne Maske*, 1937. Ders., *Nationalsozialistische Pressepolitik*, 1938. Ders., "Pressefreiheit und Pressefrieden," in *Zeitschr. Völkerbund*, Juli 1938, Nr. 19, 20. Six, *Pressefreiheit u. internationale Zusammenarbeit*, 1937. *Dokum. 1939*, a.a.O. (Anm. 1), Nr. 73, 152, 203, 209, 247 beweisen: daß das nationalsozialistische Deutschland die außenpolitische Kontrolle seiner Presse im Sinne der

Verständigungspolitik und der nationalen Selbstdisziplin ausübte. In England wurde immerhin gelegentlich anerkannt, daß während der englischen Königskrise 1936 die deutsche Presse sich vor derjenigen anderer Länder durch internationalen Takt auszeichnete.

61. Auf die Bemerkung eines Berichterstatters im *News Chronicle* vom 21. 9. 1936 (hier nach deutschem Pressebericht zit.) über Deutschland als Friedensgefahr für Europa antwortete Lloyd George: Es hänge davon ab, wie Deutschland behandelt werde. Im Falle eines Angriffs wie 1923 durch Poincaré werde es nicht mehr friedfertig unter Peitschenhieben niederkauern. Wolle man diese neue Stellungnahme der Selbstverteidigung und Selbstachtung eine Gefahr für den Frieden nennen?... Hitler sei der George Washington von Deutschland. Er habe eine tiefe Bewunderung für das britische Volk, die von den Deutschen aller Klassen geteilt werde. "Ihr Wunsch nach Freundschaft mit uns ist unbestreitbar und wirklich. Immer wieder sagten Deutsche zu mir: 'Wir haben nur einen Streit mit England gehabt, und dürfen niemals einen zweiten Streit mehr haben.' Hitler wünscht unsere Freundschaft... Hitler verlangt keine Gegenleistung von England und hat niemals eine verlangt, es sei denn Gleichberechtigung für sein großes Land... Der englische Fragebogen an Deutschland hätte niemals abgesandt werden dürfen... Wir werden den Frieden nicht erhalten, wenn wir darauf bestehen, daß andere Länder ihre Regierungsformen unserer Auffassung anpassen..." Vgl. *Kurzberichte* 28. 9. 1936.

62. Vgl. Londonderry, a.a.O. (Anm. 25).

63. Vgl. *Geist der Zeit*, 1937, S. 298.

64. Als Lansbury im April 1937 die "Friedensreise" zu Adolf Hitler unternahm, da wurde er gerade auch in Kreisen des englischen Pazifismus als weltfremder Träumer oder politischer Trottel bezeichnet. Es bleibt eine lehrreiche Forschungsaufgabe, die britischen

Anhänger und Gegner der Verständigung mit Deutschland psychologisch und soziologisch zu typisieren. So führte z. B. eindringliche wissenschaftliche Beschäftigung mit der Kriegsschuldfrage von 1914 leicht wohl regelmäßig zu einer Haltung des Verstehenwollens oder der Verständigungsbereitschaft. In der Marine Englands dachte nicht nur Lord Jellicoe über die deutsch-feindliche Stellung des Foreign Office: *"We are on the wrong side..."*

65. Kenneth Edwards, *Uneasy Oceans,* 1939. Vgl. auch: "Englands Aufrüstung als Friedensproblem," *Geist der Zeit,* 1937, S. 300f.: Wenn große Nationen das Weltmeer nicht mehr als Zufuhrstraße für lebensnotwendige Zufuhr benötigen, dann würde der Kriegsflotte Englands das Angriffsobjekt und damit die Basis ihrer Weltherrschaft fehlen.

66. Anläßlich des spanischen Bürgerkrieges wurde die traditionelle Regel der englischen Politik viel erörtert: daß ein starkes Spanien einfach durch seine Existenz eine Bedrohung Englands sei... Ein französischer Politiker fand für die entsprechende Regel der französischen Politik das Wort: es ist gleichgültig, ob Spanien feindlich oder freundlich zu uns steht, in jedem Falle muß es schwach sein...

67. Über diese Moral des Präventivkrieges vgl. Kant, *Von der Einhelligkeit der Politik mit der Moral* usw., 2, b. Über "Angriffsdrohung ohne Angriffsabsicht", Rogge, *Nationale Friedenspolitik,* 1934, Kapitel 18, S. 265f.

68. Engländer pflegen diese Regel dahin zu formulieren: daß England jede Macht bekämpft, die nach der Hegemonie in Europa strebt. Vgl. Berber, *Prinzipien der britischen Außenpolitik,* 1939. Rogge, *Kollektivsicherheit, Bündnispolitik,* § 25.

69. "Man erzählt uns, daß das Gleichgewicht der Welt gestört werde, wenn die Vereinigung der Deutschen in Mitteleuropa die Bevölkerung

des Reiches um etwa 10 Millionen erhöhen würde. Aus Angst vor diesem Ereignis sehen wir hilflos zu..." wie Japan in Ostasien vordringt. *Observer*, 19. 12. 1937.

70. So das anläßlich der Walfischfang-Konferenz 1938 genannte Angebot, das dann amtlich dementiert wurde. *Dokum. 1939*, a.a.O. (Anm. 1), Nr. 253.

71. Vgl. Bericht des tschecho-slowakischen Gesandten Osusky vom 5. August 1938 an den Außenminister Krofta nach Bekanntgabe, *DNB*, 2. Nov. 1939.

72. Pressebericht von Kries.

73. So im Parlament, Presse und auch in wissenschaftlicher Publizistik, etwa: Seton-Watson, *Munich and the Dictators*, 1939, S. 106f.

74. Chamberlain erklärte im Unterhaus 15. 3.: die transitorische englische Garantie für den Rumpfstaat Tschecho-Slowakei sei entfallen, weil dieser Staat durch die Selbständigkeitserklärung der Slowaken innerlich zerfallen sei. Vgl. weiter *Dokum. 1939*, a.a.O. (Anm. 1), Nr. 257ff.

75. Vgl. Berber in *Monatshefte f. Ausw. Pol.*, 1938, S. 907ff.; v. Freytagh-Loringhoven, *Europ. Rev.*, 1939, S. 912; Rogge, an erstgenanntem O., 1938, S. 1058ff.

76. Es fehlte in der Folgezeit nicht an politischen Stimmen: daß Hitlers "drohende Haltung in der polnischen Frage" Bluff sei, da er doch gar zu sehr die Verständigung mit England wolle.

77. Vgl. "Was ist 'Einkreisungspolitik'? Eine aktuelle Klarstellung." *Monatsh. f. Ausw. Politik*, 1939, S. 553ff.

78. Wie namentlich z. B. durch die Kündigung der Genfer Generalakte vom 16. 8. 1928 am 13. 2. 1939, durch die England sich die Hand frei machte für seine Kriegsführung gegenüber den Neutralen.

79. Über die zur "Kriegsschuld-Forschung" notwendige Arbeitsgemeinschaft und Arbeitsteilung beider Wissenschaften vgl.: "Kriegsschuldstreit, Völkerrecht und Geschichtsforschung," *Geist der Zeit*, 1939, S. 523ff.; "Der Kriegsschuldstreit vor dem Forum der Rechtswissenschaft," in: *Niemeyers Zeitschrift für Internationales Recht*, Bd. 50, 1935, S. 209ff.

80. Vgl. Rogge, *Hitlers Friedenspolitik und das Völkerrecht*, 1935, S. 14f., über die Rolle des Vertrauens in Friedensverhandlungen.

81. Deutsches Weißbuch, *Urkunden zur letzten Phase der deutsch-englischen Krise*.

82. Vgl. *Nationale Friedenspolitik*, S. 600ff.

83. Insofern die Revision des Entwaffnungsstatutes eine Wiederherstellung des Rechtes der nationalen Selbstverteidigung darstellt, liegt hier auch ein Anwendungsfall des Grundsatzes vor: daß der Ausübung des Notwehrrechtes ein Güteversuch vorangehen soll.

84. Vgl. Rogge, a.a.O. (Anm. 80), S. 11f.

85. Vgl. Rogge, a.a.O. (Anm. 80), S. 67ff. Hahn, *Grundfragen europäischer Ordnung*, 1939, S. 155ff. Über das Prinzip der Sicherheitspolitik: Das beste Mittel der Sicherheit gegenüber einem versöhnungsfähigen Gegner ist, sich mit ihm zu vertragen, vgl. Rogge, a.a.O. (Anm. 16).

86. Vgl. einstweilen außer vorgenanntem Schrifttum über Hitlers Friedenspolitik noch: Dietze, "Europa als Rechtseinheit," *Zeitschrift f. Völkerrecht,* 1936, S. 290ff.; v. Freytagh-Loringhoven, a.a.O. (Anm. 13); (O. N.), "Der Kampf des Führers um den Frieden," *Die Aktion,* 1939, S. 10ff. Auch Rogge, a.a.O. (Anm. 16), S. 168ff., 233ff., 235ff.

Weitere Bücher zu vielen, wenig bekannten Themen
zur deutschen Geschichte finden Sie bei
VersandbuchhandelScriptorium.com
sowie bei unserer Schwesterseite wintersonnenwende.com !

Mehr zum Thema:

• *Deutschland - England 1933-1939: die Dokumente des deutschen Friedenswillens.* Prof. Dr. Friedrich Berber, Hg. Essener Verlagsanstalt, Essen ©1943.

• *Dokumente über die Alleinschuld Englands am Bombenkrieg gegen die Zivilbevölkerung.* Auswärtiges Amt, Berlin, ©1943.

• *Dokumente zur Vorgeschichte des Krieges.* Auswärtiges Amt, Berlin, ©1939.

• *Was die Welt nicht wollte: Hitlers Friedensangebote 1933-1939.* Zentralverlag der NSDAP., Franz Eher Nachf. GmbH., Berlin ©1940.

Es werden regelmäßig weitere Titel
in Deutsch und Englisch aufgenommen.

CPSIA information can be obtained
at www.ICGtesting.com
Printed in the USA
LVHW081735130522
718524LV00031B/533